DECLARATION DE LA CONDVITE QVE MONSEIGNEVR L'ARCHEVESQVE DE PARIS A TENVE CONTRE LE MONASTERE DE PORT-ROYAL.

Où l'on fait voir premierement que tout ce qu'il a fait contre ce Monastere est selon les Regles de l'Eglise. Secondement, que la doctrine des Iansenistes est tres-esloignée de celle des Thomistes. Et en troisiéme lieu, que ceux qui refusent la Signature du Formulaire détournent le veritable sens de la question dont il s'agit, & pour le droit & pour le fait.

Par M. CHAMILLARD, Docteur de Sorbonne.

A PARIS,
Chez GEORGE IOSSE, ruë saint Iacques, à la Couronne d'Espine.

M. DC. LXVII.
AVEC PRIVILEGE DV ROY.

PREFACE.

NOus ne deuons pas nous estonner de ce que ceux qui deffendent les Religieuses de Port-Royal ne se font point connoistre dans leurs Liures : L'Escriture mysterieuse en toutes ses paroles compare le medisant auec l'homicide, & donne à tous les deux & vn glaiue & des fléches : Celuy qui a du cœur attaque ouuertement son ennemy, & le combat de prés auec le glaiue : Au contraire celuy qui craint son ennemy se cache, & ne l'offense qu'auec des fléches & que de loin : Le medisant fait l'vn & l'autre : Quelquesfois il declare son nom, & quelquesfois il n'ose le découurir : Lors qu'il medit sans crainte de se faire connoistre, l'Escriture dit que sa langue est vn glaiue ; Lors qu'il se cache, parce qu'il se sent trop foible pour soûtenir ses calomnies, la mesme Escriture dit que sa langue est vn dard qu'il lance contre celuy dont il n'ose s'approcher. [a] *Leurs dents*, dit le Prophete Roy, *sont des fléches, & leur langue est comme vn glaiue aigu*. Quoy que le medisant soit lâche, il ne laisse pas d'estre cruel : Sa fureur égale celle de l'homicide : Tous deux frappent, l'vn auec la main, l'autre auec la langue ; l'vn verse le sang de nostre corps ; l'autre répand autant qu'il peut celuy de nostre honneur : C'est pourquoy tous deux offensent les regles de l'Euangile, qui ne permettent point ny à la main ny à la langue de mal faire : Il y a neantmoins cette difference entre les deux, que les

[a] Dentes eorum arma & sagittæ : & lingua eorum gladius acutus. *Psal.* 56. v. 5.

coups de l'homicide sont toûjours dangereux, parce que la vie de nostre corps est exposée à la fureur de tous ceux qui l'attaquent; au contraire, les coups du médisant ne peuuent nuire qu'à ceux qui les craignent, parce que le veritable honneur ne depend pas du iugement des hommes, ny par consequent des loüanges qu'ils nous donnent; mais il consiste dans la sincerité de nostre cœur que Dieu connoist, & dans le témoignage fidele qu'il nous en rend. Les calomnies ne deshonnorent que ceux qui ne peuuent les souffrir: Le Fils de Dieu, les Apostres, les Martyrs, & les autres Saints qui ont combattu pour la Foy y ont trouué leur gloire, comme l'y trouuent encore tous ceux qui les suiuent: C'est pourquoy la mesme Escriture qui dit que les traits des langues médisantes sont des fléches, adjoûte que [b] ces fléches retombent sur ceux qui les tirent, & que les playes qu'elles font ne sont pas plus à craindre que celles que l'on reçoit de la main d'vn enfant.

[b] Sagittæ paruulorum factæ sunt plagæ eorum: & infirmatæ sunt contra eos linguæ eorum. *Psal.* 63. *v.* 7.

Lors que i'ay écrit contre les Iansenistes, ie sçauois bien ce que disent les S S. Peres, que les Heretiques apres auoir abandonné la verité s'emportent aux calomnies & aux injures, qu'ils se glorifient dans le grand nombre, & dans la grosseur des Liures qu'ils composent, qu'ils les publient sous des noms empruntés, & qu'ils les distribuent gratuitement à ceux de leur party; mais ie sçauois aussi ce que m'apprennent les mesmes Peres, [c] que tous les Docteurs qui voyent vne heresie naissante doiuent s'éleuer & écrire contre elle, & multiplier autant qu'ils peuuent leurs écrits, afin que ces écrits ne tombent pas seulement entre les mains des curieux, mais qu'ils passent iusques aux plus negligens. Ie ne me plains point de leur réponse; c'est vne faueur & non pas vne injure; c'est vne grace & non pas vn déplaisir que ie reçois, de voir que ceux qui se sont declarés contre l'Eglise m'ayent calomnié: Tous les Saints qui ont soûtenu la verité n'ont receu des Heretiques que des injures: Ie m'estime heureux d'en receuoir quelques-vnes auec eux; ce m'est vn honneur d'estre auec eux deshonnoré; & quoy que ie n'aye pas la presomption de croire que i'aye ny les mesmes lumieres ny la mesme vertu

[c] Quod vtiliter existimo fieri [nempe contra hæreses differere & scribere] vt non solum ad diligentiores res rara perueniat, sed quolibet modo ex multis in manus etiam negligentiores incurrat. *S. Aug. lib. de vnico baptismo. contra petil. cap.* 1.

pour deffendre l'Eglise, ie ne laisseray pas de prendre quelque part à leur gloire, puisque ie souffre pour le mesme sujet.

Ie ne les traitteray point auec des termes injurieux, parce que les Regles de l'Euangile ne me permettent point de leur rendre vne injure pour vne autre: Le veritable zele ne s'emporte iamais; le saint Esprit qui nous le donne auant que de descendre sur les Apostres sous la forme de feu, voulut paroistre sous la figure d'vne Colombe, pour nous apprendre que la charité qu'il répand dans nos cœurs est ardente, mais sans aucune aigreur: Plus le zele a de force, plus il a de douceur; plus il a de lumiere, & plus il a d'onction. Ie ne sçais point si celuy qui m'anime a plus ou moins de science que le leur, mais il me semble qu'il a moins d'amertume.

Ie ne m'arreste donc point aux écrits qu'ils ont publiez contre moy: Aussi bien le scandale que le public en a receu, & le peu d'estime qu'il en a fait, les a obligés à en desauoüer la plus grande partie: Ie me propose seulement de soûtenir la conduite de Monseigneur l'Archeuesque de Paris contre ceux qui l'attaquent, & de prouuer premierement que tout ce qu'il a fait contre les Religieuses desobeïssantes de Port-Royal est selon l'Esprit & selon les regles de l'Eglise: Secondement, que la doctrine des Iansenistes est tres-éloignée de celle des Thomistes: Et enfin que tous ceux qui refusent la signature du Formulaire détournent artificieusement le veritable sens de la question dont il s'agit, & pour le droit & pour le fait.

Chapitre Premier.

Où l'on propose trois Maximes pour faire voir que toute la conduite de Monseigneur l'Archeuesque de Paris contre le Monastere de Port-Royal, est selon l'Esprit & selon les Regles de l'Eglise.

IL ne me sera point difficile de prouuer que toute la conduite de Monseigneur l'Archeuesque de Paris contre le Monastere de Port-Royal, est tres-conforme & à l'Esprit & aux Regles de l'Eglise, lors que i'auray estably auec saint Augustin trois Maximes, dont la premiere est celle-cy.

Nous ne deuons pas croire que ce soit persecuter les Heretiques que d'agir contre eux auec force pour les rappeller à leur deuoir; [a] comme il arriue assez souuent que plusieurs nous caressent qui ne sont pas nos veritables amis: il se peut faire aussi que plusieurs nous affligent qui ne sont pas nos veritables ennemis. Lors qu'vn Medecin fait de la douleur à son malade, la peine qu'il luy fait ne vient pas de la haine qu'il luy porte, mais du desir qu'il a de le guerir. Lors que [b] Iesvs-Christ descendit sur la terre pour conuertir saint Paul, ce ne fut pas le coup d'vne injuste violence, mais d'vne misericordieuse seuerité qui changea ce persecuteur en vn Apostre, & qui l'abatit pour le releuer de son erreur. [c] Qui peut douter que Dieu nous aime? Et neantmoins il nous afflige, & les afflictions qu'il nous enuoye sont des signes qu'il ne veut pas nous reprouuer, mais nous sauuer. L'Eglise imite sa conduite; c'est vne bonne Mere qui ne perd iamais l'amour qu'elle a pour ses enfans; mais l'amour qu'elle leur porte n'empesche pas qu'elle ne chastie ceux qui s'éloignent de leur deuoir. [d] Les bons & les mauuais se persecuteront iusques à la fin du monde dans le sein de l'Eglise, comme Iacob & Esaü se sont persecutez dans le sein de Rebecca leur mere; mais ces persecutions ont des motifs bien differens. Lors que

[a] Non omnis qui parcit inimicus est, nec omnis qui verberat inimicus.... & qui phreneticum ligat, & qui letargicum excitat, ambobus molestus, ambos amat. *S. Aug. Epist.* 48

[b] Vbi est quod isti clamare consueuerunt, liberum est credere, vel non credere. Cui vim Christus intulit? quem coegit? Ecce habent Paulum Apostolũ: Agnoscant in eo prius cogentem Christum, & postea docentem; priùs ferientem & postea consolantem. *S. August. Epist.* 50. *pag.* 141.

[c] Quis nos potest amplius amare quã Deus? & tamen nos non solùm docere suauiter, verum etiam salubriter terrere non cessat. *S. August. Epist.* 48. *pag.* 108.

[d] Si boni & Sancti nemini faciunt persecutionem, sed tantummodo patiuntur cuius putant esse in

les mauuais persecutent les bons, ils haissent les personnes, & persecutent la vertu ; cette persecution est vn effet de leur injuste passion. Dauid estoit persecuté de cette sorte lors qu'il disoit à Dieu : *Les impies m'ont persecuté, secourez-moy* : Au contraire, lors que les bons persecutent les mauuais, ils aiment les personnes, & persecutent l'erreur & le peché ; cette persecution est vne preuue de leur ardente charité. Dauid qui se plaignoit d'auoir esté persecuté, persecutoit luy-mesme les autres de cette sorte, lors qu'il disoit : *Ie persecuteray mes ennemis, & ie les prendray, & ie ne retourneray point qu'ils ne soient abatus.*[e] L'on ne doit pas donc accuser la conduite de l'Eglise, ny l'appeller vne persecution, quoy qu'elle paroisse vn peu seuere contre les Heretiques ; au contraire, l'on doit dire qu'elle trauaille à les retirer de leur erreur, qui est leur veritable & leur vnique persecuteur.

La seconde Maxime que saint Augustin a establie, est que l'on ne doit point considerer la peine que souffrent les Heretiques, mais la cause pour laquelle ils la souffrent.

[f] Les Heretiques & les Martyrs souffrent assez souuent les mesmes peines, mais ils ne les souffrent pas pour le mesme sujet : Ce que la pieté fait dans les vns, la dureté le fait quelquesfois dans les autres : C'est pourquoy l'Eglise qui couronne la patience & la force des Martyrs, condamne la desobeïssance & la rebellion des Heretiques ; parce que les vns souffrent pour la verité, & les autres par opiniastreté. Les douleurs des Martyrs augmentent leur merite dans le Ciel, pour deux raisons : L'vne est qu'ils souffrent dans l'Eglise : L'autre est qu'ils portent dans leurs souffrances l'image de IESVS-CHRIST : Au contraire, les peines des Heretiques sont inutiles à leur salut, & ne font qu'auancer leur supplice ; premierement, parce qu'ils souffrent hors du sein de l'Eglise ; secondement, parce qu'ils s'éloignent de IESVS-CHRIST dans leurs souffrances, au lieu de s'y vnir ; car le Fils de Dieu a obey iusques à la mort de la Croix, & eux au contraire aiment mieux mourir que d'obeïr.[g] C'est pourquoy saint Augustin condamne l'orgueil des Donatistes, qui croyoient que

psalmo vocem, vbi legitur : Persequar inimicos, & non conuertar donec deficiát : Si ergo verum dicere vel agnoscere volumus, est persecutio iniusta quam faciunt impij Ecclesiæ Christi, & est iusta persecutio, quam faciunt impiis Ecclesiæ Christi : itaque beata est quæ persecutionem patitur propter iustitiam, illi verò miseri qui persecutionem patiuntur propter iniustitiam. Proinde ista persequitur diligendo, illi sæuiendo : Ista vt corrigat ; illi vt euertunt : Ista vt reuocet ab errore ; illi vt præcipitent in errorem. Denique ista persequitur inimicos & comprehendit donec deficiant in vanitate, & vt in veritate proficiant. *S. August. Epist.* 50. *pag.* 137.

[e] Quid quid ergo facit vera & legitima mater, etiamsi asperum, amarumq; sentiatur, non malum pro malo reddit, sed bonum disciplinæ, expellendo malum iniquitatis apponit, non odio nocendi, sed dilectione sanandi. *S. Aug. Ep.* 48. *p.* 109.

[f] Cum boni & mali eadem faciunt, eademque patiuntur, non factis & pœnis sed causis vtique discernendi sunt. *S. Aug. Ep.* 48. *p.* 109.

[g] Si semper esset laudabile persecutionem pati, suffi-

leurs peines estoient des preuues de leur innocence & de leur sainteté ; & il leur dit que tous ceux qui souffrent doiuent se souuenir que le Fils de Dieu n'a point dit, bien-heureux ceux que l'on persecute, mais bien-heureux ceux que l'on persecute pour la Iustice ; parce que ce n'est pas la peine que nous souffrons, mais la cause pour laquelle nous souffrons qui nous rend bien-heureux.

[h] Sara pesecuta Agar, elle l'humilia, elle l'affligea, elle la chassa enfin de sa maison, & neantmoins lors qu'Agar s'en plaignit, Dieu luy fit dire par vn Ange, retourne dans la maison de ta maistresse, & t'humilie sous sa puissance ; car elle a eu raison de t'affliger pour dompter ta desobeïssance & ton orgueil. Sara afflige sa seruante, l'Escriture n'appelle point cette conduite vne persecution: Ismaël le fils de cette Agar se joüe auec Isaac qui est son Maistre, saint Paul appelle ce jeu vne persecution : Que veut dire ce Mystere ? Saint Augustin l'explique, & dit qu'elle nous represente les Heretiques que l'Eglise poursuit, on les humilie lors que l'on découure leurs artifices, on les afflige lors qu'on leur fait souffrir les peines qu'ils meritent, on les chasse de la maison lors qu'on les éloigne de ceux qu'ils veulent perdre, & lors qu'on les excommunie, cette conduite est pleine de sagesse. Cependant il arriue que les Heretiques murmurent, parce qu'ils se plaignent de ce qu'on leur fait souffrir ; & qu'ils se joüent en quelque façon de leurs Prelats, parce qu'ils se raillent de leur conduite ; l'on doit appeller leur murmure & leur jeu vne persecution : ainsi ce ne sont point les Prelats de l'Eglise qui persecutent les Heretiques, parce qu'ils ne les affligent que pour les faire rentrer dans leur deuoir : Au contraire, ce sont les Heretiques qui persecutent les Prelats par le mépris qu'ils font de leurs cõseils, & par l'obeïssance qu'ils leur refusent. C'est pourquoy saint Paul dit: [i] *Obeïssez à vos Superieurs, & vous soumettez à leur conduite, de peur que vous ne les affligiez ; car leur douleur ne seroit pas vtile au salut de vos ames.* Que doit-on faire donc lors que les Heretiques se plaignent de leur Euesque ? On ne doit iamais les écoûter, ny les flater, ny authoriser leur desobeïssance ;

mais

cerat Domino dicere, beati qui persecutionem patiuntur, nec adderet propter Iustitiam. *S. Aug. Ep. 48. p. 109.*

[h] Ecce libera afflixit ancillam & non illam vocat persecutionem Apostolus: Ludit seruus cum Domino, & persecutionem vocat: Sic ergo quando vult Deus concitare potestates aduersus Hæreticos, Deus concitat vt à Sara verberetur Agar. Cognoscat se Agar, supponat ceruitem suam .... Quid audiuit ab Angelo? reuertere ad Dominam tuam : Ad hoc ergo affligitur vt reuertatur. *S. Aug. Ex Tractat. 11. in Ioan.*

[i] Obedite præpositis vestris & subiacete eis : ipsi enim peruigilant quasi rationem pro animabus vestris reddituri, vt cum gaudio hoc faciant, & non gementes; hoc enim non expedit vobis. *Epist. ad Hebr. c. 13. v. 17.*

mais on doit leur répondre comme l'Ange à Agar, Retournez dans la maison de vostre Maistre, & vous soûmettez à son authorité; c'est à dire, reconnoissez humblement vostre faute, & demeurez dans le respect que vous deuez à vos Superieurs.

La troisiéme Maxime que les S. S. Peres ont establie, est que les Prelats de l'Eglise sont obligez d'agir contre les Heretiques auec vne grande fermeté, quoy que le grand nombre de ceux qui s'opiniastrent & qui meurent dans l'erreur, leur donne sujet de craindre que plusieurs ne se perdent.

[k] Saint Augustin propose vn bel exemple sur ce sujet: Lors que Dauid combattit Absalon, il n'auoit pas dessein de le faire mourir; ce bon Pere n'eut pour son fils que des pensées de paix, il l'aima durant toute sa vie, il le pleura apres sa mort. Et neantmoins lors que ce sage Prince eut bien consideré qu'apres la deffaite de ce rebelle, tous ses autres enfans demeuroient en paix dans sa maison, l'Escriture nous apprend qu'il appaisa ses larmes, & qu'il se consola dans sa douleur. Ce sont les sentimens de tous les bons Prelats; lors qu'ils prennent les armes contre les Heretiques, ils sont asseurez comme Dauid du succez du combat, parce que le Fils de Dieu leur a promis dans l'Euangile qu'ils demeureroient victorieux de tous leurs ennemis; mais ces ennemis sont leurs enfans: C'est pourquoy ils ne les persecutent qu'auec regret; ils les aiment dans le temps qu'ils combattent contre eux; ils ne cherchent pas leur perte, mais leur salut; ils ne desirent pas leur mort, mais leur conuersion; ils ne se soucient pas de vaincre leurs personnes, mais ils font tout ce qu'ils peuuent pour vaincre leur erreur; ils offrent pour ce sujet à Dieu leurs prieres & leurs larmes; ils pleurent mesme le iour de leur victoire, parce que l'aueuglement de ceux qui leur resistent les afflige: Mais peu de temps apres ils appaisent leur douleur, parce que le salut de tous les Fideles dont ils asseurent le repos les console.

[l] L'on dira peut-estre que Dauid ne perdit qu'vn seul de ses enfans, & qu'il rendoit la paix à tous les autres;

[k] Si aliter non meruit pacem habere domus Dauid, nisi Absalon filius eius in bello quod contra patrem gerebat fuisset extinctus, quamuis magna cura mandauerit suis, vt eum quantum possent viuum saluumque seruarent, vt esset cui pœnitenti paternus affectus ignosceret, quid ei restitit, nisi perditum flere, & sui regni pace acquisitâ suam mæstitiam consolari? Sic ergo Catholica mater Ecclesia bellantibus aduersùs eam filiis suis . . . . si aliquorum perditione cœteros tam multos collegit, præsertim quia isti non sicut Absalom casu bellico sed spontaneo magis interitu pereunt, dolorem materni cordis lenit & sanat tantorum liberatione populorum. *S. August. Ep. 50. pag. 144.*

[l] Si enim duo aliqui in vna domo habitarent quam cernissi...

Au lieu que les Euesques qui declarent la guerre aux Heretiques, entreprennent vn combat dans lequel il arriue souuent que plusieurs perissent, & que tres-peu se sauuent. Saint Augustin répond que la consideration de ceux qui se perdent par leur faute ne trouble point les bons Prelats dans leur conduite; & que le salut d'vn seul qui sort de son erreur leur donne plus de joye qu'ils ne reçoiuent de tristesse pour l'endurcissement de tous les autres: C'est pourquoy ce Pere de l'Eglise conclud que tous les Euesques qui ont quelque zele pour la Foy doiuent toûjours la deffendre contre les Heretiques, auec vne grande vigueur, sans s'estonner de ceux qui perissent.

Toutes ces trois Maximes sont de saint Augustin. Ie demande donc apres les auoir establies ce que l'on peut reprendre dans la conduite de Monseigneur l'Archeuesque de Paris, lors qu'il propose la signature du Formulaire aux Religieuses desobeïssantes de Port-Royal. Il suit en cela le sentiment des Papes, des Euesques, & de toute l'Eglise: Il ne dit pas à ces Religieuses, comme on le calomnie, ie veux que vous disiez que vous auez lû le Liure de Iansenius; mais il leur dit, ie veux que vous soûmettiez vostre iugement à la condamnation que l'Eglise en a faite: Toutes les autres ont obey: Pourquoy resistez-vous? S'il se sert contre elles de son authorité; ce n'est pas leur maison, c'est leur esprit; ce n'est pas leur Monastere, c'est leur erreur qu'il persecute: Combien de temps leur a-il accordé pour se resoudre? Combien d'instructions leur a-il faites pour les retirer de leur aueuglement? Combien de fois leur a-il témoigné qu'il ne desiroit que leur salut? Leur a-on fait souffrir aucune peine dans leur maison? Leur a-il rien manqué dans les autres Monasteres où elles ont esté conduites? On leur donne tous les ans vingt mille liures, exemptes de toutes charges, pour se nourrir; & neantmoins elles disent qu'on les traitte auec vne extreme rigueur; elles s'imaginent mesme que cette persecution les rendra des Martyres: m Mais elles ne sçauent pas ce que saint Augustin disoit aux Donatistes, que les Heretiques s'attribuent & qu'ils cherchent auec

mè sciremus esse ruituram, nobisque id prænuntiantibus nollent credere, atque in ea manere persisterent, si eos inde possemus eruere vel inuitos, quibus imminentem illam ruinam postea demonstraremus, vt redire vlteriùs sub eius periculum non auderent, puto nisi faceremus non immeritò crudeles diiudicaremur..... Quid ergo sentiendum est de quibusdam paucis perditis & innumerabili multitudine populorum liberatorum .... Si autem diligentius rem de qua loquimur cogitem, puto quòd si plurimi essent in domo ruitura & inde saltem vnus liberari posset, atque id cùm facere conaremur, alij se ipsos præcipitio necarent, dolorem de cæteris nostrum, de vnius saltem salute consolaremur; non tamen ne se ipsos alij perderent, perire vniuersos nullo liberato permitteremus. *S. August. Ep.* 50. *pag.* 144.

m De persecutione gloriantur, quia prohibentur ista facere legibus Imperatorum; quas constituerunt pro vnitate Christi, &c.

vanité dans l'opinion des hommes la gloire d'vn Martyre, que Dieu ne leur accorde point : Car les veritables Martyrs sont ceux que l'on persecute pour la Iustice, & non pas ceux que l'on punit pour leur opiniastreté ; ce sont ceux qui deffendent l'Eglise, & non pas ceux qui la diuisent ; ce sont ceux qui soûtiennent la Foy, & non pas ceux qui meurent dans l'erreur : C'est pourquoy au lieu de flater ces Religieuses auec ceux qui les soûtiennent, on leur doit dire qu'elles s'humilient sous la puissance de leur Superieur, & qu'elles retournent à leur deuoir ; c'est à dire, qu'elles reconnoissent sincerement leur faute, & qu'elles en demandent pardon à Monseigneur leur Archeuesque : Si elles le font, ie les assure qu'elles trouueront dans la bonté qui luy est naturelle autant de douceur qu'elles ont trouué de fermeté, lors qu'elles sont demeurées dans leur aueuglement.

iactant fallaciter innocentiam suam, & quam non possunt à Domino accipere, ab hominibus quærunt Martyrum gloriã. Veri autem Martyres illi sunt, de quibus Dominus ait : Beati qui persecutionem patiuntur propter Iustitiam: Non ergo qui propter iniquitatem, & propter Christianæ vnitatis impiam diuisionem, sed qui propter Iustitiam persecutionem patiuntur, hi Martyres veri sunt. *S. Aug. Ep. 50. c. 136.*

Ie sçais neantmoins que l'inclination naturelle nous porte à prendre le party de ceux qui paroissent miserables : C'est pourquoy apres auoir authorisé en general la conduite de Monseigneur l'Archeuesque de Paris par les sentimens & mesme par l'exemple de saint Augustin, & des autres S S. Peres ; ie veux descendre dans le particulier de tout ce qu'il a fait. Ie demande donc aux Religieuses de Port-Royal quelles sont ces grandes persecutions qu'on leur a fait souffrir.

CHAPITRE II.

Où l'on fait voir que les deux Puissances deuoient s'vnir contre les Religieuses desobeïssantes de Port-Royal, parce qu'elles auoient desobey & au Pape & au Roy.

LA premiere persecution dont se plaignent les Religieuses desobeïssantes de Port-Royal, est que Monseigneur l'Archeuesque de Paris vint dans leur Monastere, suiuy de Monsieur le Lieutenant Ciuil, & de Monsieur le Preuost de l'Isle, & de plusieurs Archers, pour faire sortir les Meres & quelques autres des plus opiniastres de la maison : Ie leur répons qu'il estoit à propos de le faire, parce que les deux puissances doiuent s'vnir, lors qu'il s'agit de soûtenir les interests de la Religion.

[a] C'est le sentiment de leur Pere saint Bernard, lors qu'il explique ces paroles que le Fils de Dieu dit à saint Pierre : Si vous auez deux glaiues, il suffit : Ces deux glaiues, dit ce Pere, nous representent les deux Puissances, celle de l'Eglise & celle de l'Estat ; l'vne est Spirituelle, & l'autre est Temporelle ; l'vne a esté donnée au Pape & aux Euesques, l'autre a esté mise entre les mains des Rois ; l'vne a son Trône dans le Ciel, & l'autre sur la terre ; l'vne sans l'autre perd beaucoup de sa force, toutes deux jointes ensemble suffisent à la Religion & à l'Estat. C'est pourquoy le Fils de Dieu dit à saint Pierre : Si vous auez deux glaiues ; c'est assez.

[b] Ces deux glaiues n'ont pas esté toûjours vnis, parce que la Religion Chrestienne a eu deux temps : Dans le premier, Dauid nous represente les persecutions qu'elle a souffertes ; & dans le second la gloire que Dieu luy a donnée : Dans son commencement les Rois se sont vnis pour la détruire ; dans son progrez les mesmes Rois l'ont establie par tout le monde. Lors que cette Prophetie s'accomplissoit, Les Rois ont conspiré contre son Christ ; l'Eglise Catholique gemissoit sous la persecution des tyrans Idolatres : Lors que le temps de cette autre Prophetie fut venu, Et tous les Rois l'adoreront, la mesme Eglise qui auoit esté esclaue si long-temps sortit de sa captiuité, & fut éleuée sur le Thrône des Empereurs qui se firent Chrestiens. Les Princes qui auoient esté dans les tenebres du Paganisme adorerent IESVS-CHRIST ; & tous apres ce temps-là firent seruir leurs armes à la veritable Religion, & en soûtinrent les interests : Car les Rois, comme remarque saint Augustin, peuuent seruir Dieu, & comme hommes & comme Rois : Ils le seruent comme hommes, lors qu'ils pratiquent les vertus qui leur sont communes auec les particuliers : Ils le seruent comme Rois, lors qu'ils se seruent de leur authorité pour auancer sa gloire dans

[a] Tuus ergo, & tuo ipse forsitan nutu, etsi non tua manu euanginandus ; alloquin si nullo modo ad te pertineret & is, dicentibus Apostolis, ecce gladij duo hic, non respondisset, Dominus satis est, sed nimis est : Vterque ergo Ecclesiæ & spiritualis scilicet gladius & materialis, sed is quidem pro Ecclesia, ille verò ab Ecclesia exerendus est : Ille Sacerdotis, is militis manu, sed sanè ad nutum Sacerdotis, & iussum Imperatoris. *Bernard. lib. 4. de consid. cap. 3. circa medium.*

[b] Quod enim dicunt qui contra suas impietates leges iustas constitui nolunt, non petiisse à Regibus terræ Apostolos talia, non considerant aliud fuisse tunc tempus, & omnia suis temporibus agi. Quis enim tunc in Christum crediderat Imperator, qui ei pro pietate contra impietatem leges ferendo seruiret, quando adhuc illud Propheticum complebatur : Quare fremuerunt gentes, & populi meditati sunt inania, astiterunt Reges terræ, & Principes conuenerunt in vnum aduersùs Dominum & aduersùs Christum eius. Nondum enim agebatur quod paulò pòst in psalmo dicitur, Et nunc Reges intelligite, erudimini qui iudicatis terram, seruite Domino in timore &

leur Royaume. Lors que Dauid dit qu'il appliquoit les premieres pensées de son esprit à chercher les moyens d'exterminer tous les pecheurs de son Royaume ; lors qu'Ezechias abatoit les Temples des Idoles ; lors que Nabuchodonosor faisoit vn Edict de mort contre les blasphemateurs ; & apres la Naissance de IESVS-CHRIST, lors que Constantin & Theodose faisoient brûler les Liures d'Arius, & de Nestorius, & des autres Heretiques: Tous ces Princes seruoient Dieu non seulement comme hommes, mais encore comme Rois ; parce qu'ils se seruoient de leur glaiue Temporel pour la deffense de la Religion ; ce sont les sentimens des Peres.

ᶜ Neantmoins il arriue souuent que les hommes s'abusent, comme remarque saint Augustin ; parce que leur cœur est dans leurs yeux, & non pas dans leur cœur ; c'est à dire, parce qu'ils ne iugent pas de ce qu'ils voyent par la raison, mais par les sens. L'on fuit vn homicide, parce que le sang qui sort de nostre corps donne quelque horreur à ceux qui le voyent répandre ; & l'on ne s'éloigne point des Heretiques, qui font mourir spirituellement autant d'ames qu'ils en separent du sein de l'Eglise leur Mere, parce que cette mort n'est pas sensible : L'on condamne sans peine vne femme adultere qui ne garde point la foy à son mary, parce que ce peché paroist honteux aux yeux de tout le monde ; & l'on ne peut souffrir que l'on punisse ceux qui ont renoncé à la Foy qu'ils ont promise à Dieu dans le Baptesme, parce que cette infidelité ne se voit point : C'est vn abus: L'heresie est le plus grand de tous les crimes ; parce qu'elle détruit la Foy, qui est le fondement de toutes les vertus: C'est pourquoy l'on ne peut agir auec trop de force contre ceux qui soûtiennent quelque erreur, ny les chastier auec trop de seuerité lors qu'ils s'y opiniastrent.

ᵈ Ie remarque encore vne raison particuliere qui obligeoit ces deux Puissances à s'vnir contre le Monastere de Port-Royal : Le Roy qui est le Protecteur de la Religion dans son Royaume, auoit requis le Pape Innocent X. d'heureuse memoire, d'examiner les cinq Propositions

exultate ei cum tremore. quomodo ergo Reges Domino seruiunt in timore, nisi ea quæ contra iussa Domini fiunt, religiosi seueritate prohibendo atque plectendo ? Aliter enim seruit quia homo est, aliter quia etiam & Rex est: Quia homo est ei seruit viuendo fideliter; quia verò etiam Rex est, seruit leges iusta præcipientes & non contraria prohibentes, conuenienti vigore sanciẽdo: Sicut seruiuit Ezechias, lucos & Templa Idolorum, & illa excelsa quæ contra præcepta Dei fuerant constructa destruendo : Sicut seruiuit Iosias, talia & ipse faciendo: Sicut seruiuit Rex Niniuitarum, vniuersam ciuitatem ad placandum Dominum compellendo: Sicut seruiuit Darius, Idolum frangendum in potestatẽ Danieli dãdo, & inimicos eius Leonib9 ingerendo : Sicut seruiuit Nabuchodonosor, de quo iam diximus, omnes in Regno suo positos à blasphemando Deo lege terribili prohibendo : In hoc ergo seruiunt Domino Reges, cùm ea faciunt ad seruiendum illi, quæ non possunt facere nisi Reges. *S. August. Ep.* 50. *p.* 140.

ᶜ Hominum multitudo non in corde cor habet, sed in oculis Nã si sanguis exit de carne mortali, quisquis aspicit exhorrescit: Si pace Christi præcisæ animæ atque separatæ in hæresis atque Schismatis sacrilegio moriuntur, quia non videtur, non plangitur; imò verò mors tetrior atque luctuosior & vt planè dixerim verior iure consuetudinis deridetur, cùm authores tantarum mortium publicè insultant. *S. Aug. contra Epist. Parmen. lib. 1. cap. 4. p. 12.*

d Cur enim cùm datum sit diuinitus homini liberum arbitrium, adulteria legibus puniantur, & sacrilegia permittantur? An fidem non seruare lenius est animam Deo quàm fœminam viro. *S. Aug. Ep. 50. pag. 140.*

que les Euesques de France luy auoient presentées, & de decider ce que l'on en deuoit croire. Le Pape ayant condamné ces Propositions comme heretiques, Sa Majesté auoit receu la Bulle, l'auoit fait publier dans les païs & terres de son obeïssance; elle auoit receu auec le mesme zele la seconde Bulle de N. S. P. Alexandre VII. qui declare que son predecesseur auoit condamné ces Propositions dans le sens de Iansenius Euesque d'Ipre, & qu'il les condamne dans le mesme sens vne seconde fois : Sa Majesté auoit encore appuyé de son authorité le Formulaire que les Prelats de France auoient dressé dans l'assemblée generale du Clergé, comme elle appuye encore le dernier qui est venu de Rome, par sa Declaration; laquelle ordonne à tous ses sujets de le signer : Les Religieuses desobeïssantes de Port-Royal auoient resisté à toutes ces puissances, du Pape, des Euesques, & du Roy. Il falloit donc que toutes les Puissances parussent vnies pour vanger l'injure que l'on faisoit à leur authorité.

CHAPITRE III.

Où l'on fait voir qu'il estoit necessaire que Monseigneur l'Archeuesque de Paris agist contre les Religieuses desobeïssantes de Port-Royal, pour dissiper tout le party.

SECONDEMENT, les Religieuses desobeïssantes de Port-Royal se plaignent de ce que Monseigneur l'Archeuesque de Paris les a separées de leurs Sœurs, & de ce qu'il les a chassées de leur maison.

Ie répons que l'on ne peut iuger d'vne separation que l'on a faite, ny l'appeller bonne ou mauuaise, que par rapport à l'vnion que l'on a voulu rompre : C'est offenser la charité de diuiser ceux qui s'aiment, & qui concourent ensemble pour l'establissement de quelque bien : Mais c'est aimer la verité de disperser ceux qui conspirent pour deffendre quelque erreur : Lors que le saint Esprit, qui est vn Esprit de verité & d'amour, a formé vne sainte vnion, l'Escriture dit que ceux qui la troublent se rendent abominables deuant Dieu : Au contraire, lors que l'esprit d'orgueil & de mensonge en a formé vne mauuaise, l'on ne peut donner trop de loüange à ceux qui la détruisent. L'orgueil auoit vny les hommes qui vouloient éleuer la Tour de Babel iusques au Ciel, pour se faire connoistre: C'est pourquoy Dieu rompit cette vnion qui luy estoit injurieuse, & il les dispersa par tout le monde. Le mesme orgueil vnit les Heretiques qui s'éleuent eux-mesmes iusques aux nuës, & qui se lient les vns auec les autres pour se fortifier contre la verité : C'est pourquoy l'Eglise fait ce quelle peut pour dissiper leur faction. Le zele de Dauid n'estoit-il pas loüable, lors qu'il disoit à Dieu : *Seigneur precipitez vos ennemis, & diuisez leurs langues.* Ce Saint demande à Dieu qu'il precipite ses ennemis, parce que l'orgueil les auoit éleuez ; mais pour les precipiter, il veut qu'il les diuise ; parce que l'erreur qui les auoit vnis, les auoit trop fortifiez.

L'on ne peut douter que ceux qui soûtiennent les Religieuses desobeïssantes de Port-Royal n'eussent dessein de former vn party : Monsieur l'Abbé de S. Cyran auoit laissé tous ses disciples dans la pensée qu'il estoit necessaire de faire vne Eglise nouuelle, comme plusieurs témoins qui sont dignes de foy, & que i'ay citez dans mon premier écrit, ont deposé en Iustice contre luy. Les Liures qu'ils ont écrits, les conseils qu'ils ont pris, les conferences qu'ils ont tenuës, les intrigues dont ils se sont meslez, & generalement toutes les peines qu'ils se sont donnez depuis plusieurs années ne se rapportent qu'à cette fin. Ils instruisoient pour ce sujet plusieurs enfans, de l'vn & de l'autre sexe, pour les tenir sous leur conduite, & pour s'insinuer dans les bonnes graces de leurs parens : Ils auançoient dans les Estudes ceux qui suiuoient leurs sentimens ; & se faisoient craindre de tous les autres, par le mépris qu'ils en faisoient : Ils se seruoient des biens qu'on leur donnoit, qui se sont montez à des sommes immenses, pour soûtenir leur faction : Et au lieu que le Fils de Dieu, comme dit saint Augustin, a répandu son Sang pour le salut des ames: [a] Eux au contraire, répandoient leur argent pour les ſeduire : Ils commençoient à tenir des Eſcoles, & à s'inſinuer dans les Vniuerſitez, à s'introduire dans les Parroiſſes, à ſolliciter pluſieurs Monaſteres d'hommes & de filles, à ſe répandre dans les Prouinces; & enfin à former vn party, qui ſe fuſt auec le temps rendu tres-redoutable, & à l'Egliſe, & à l'Eſtat : Ils mépriſoient les ſentimens & la conduite de tous les autres; ils faiſoient peu d'eſtime des retraites annuelles, des Confeſſions extraordinaires, de la methode que l'on donne à ceux qui commencent à faire l'oraiſon ; c'eſt à dire, de tous les exercices dont ſaint Charles, dont ſaint François de Sales, & dont tous les autres Saints de noſtre temps ſe ſont ſeruis pour auancer les ames dans la vertu, & par le moyen deſquels ils ſe ſont eux-meſmes ſanctifiez. Voicy comment ils parlent de tous ces exercices dans vn manuſcrit que nous auons entre les mains, & qui eſt intitulé, Aduis ſur la conduite qu'il faudra tenir, s'il arriue du changement dans le gouuernement de la maiſon.

„ Si l'on donne aux Religieuſes pour lecture particu-„ liere des Liures faits par les Ieſuites, & principalement „ par les modernes, on ne les receura point; & l'on dira „ qu'ils n'entrent point dans l'eſprit, & que l'on n'a ac-„ couſtumé de lire que ceux qui enſeignent ſolidement la „ vertu Religieuſe, comme elle eſt exprimée dans l'E-„ uangile: Et plus bas : Pour les conferences ſpirituelles, „ où l'on inſtruit de l'oraiſon par methode, où l'on ap-„ prend à faire des actes, & à dreſſer ſon intention, qui „ eſt le but de tout ce que l'on enſeigne preſentement, „ on ſe ſeruira, ſi l'on peut, de quelque pretexte pour ne „ s'y pas trouuer : Et en ſuite : Si l'on vouloit eſtablir la „ retraite de dix iours, l'on acceptera bien de demeurer „ ſeparée pendant ce temps-là; excepté lors que l'on doit „ aller à l'Office, où l'on aſſiſtera toujours : Mais l'on ne „ rendra point conte de ce que l'on a fait en l'oraiſon, & „ l'on ne prendra point des ſujets particuliers pour s'y „ entretenir, & l'on ne fera point de Confeſſion extraor-„ dinaire, comme c'eſt la coûtume ailleurs.

[a] Ille ſanguinem fudit vt redimat: Tu pecuniam ſpargis vt perimas. S. Aug. lib. 5. hæreſ. c. 6.

Ce sont les propres termes de ce manuscrit, que l'on appelloit les petites Constitutions, & qui ne se communiquoient qu'aux confidentes, & que ie feray voir à tous ceux qui le desireront. Mais ie reuiens à la conduite particuliere qu'ils ont tenuë depuis leur condamnation; ils croyoient apres ce temps-là qu'il leur estoit permis de viure dans vn Royaume Catholique comme viuoient les Chrestiens que les Tyrans persecutoient. Ils auoient plusieurs noms, pour se cacher; ils s'écriuoient en chiffres; ils perçoient les greniers mitoyens & quelques autres lieux que l'on a découuerts, pour parler aux Religieuses du Monastere de Port-Royal: L'vn de leurs principaux a parû déguisé en presence de ses Filles, bien estonnées, de voir auec vn habit seculier, auec des galans, & de longues moustaches vn Prestre qui leur auoit plusieurs fois administré les Sacremens, & qui faisoit vne profession publique de ne rien faire qui ne fust plein de grauité: Ils répondent que l'on ne doit pas s'en estonner, parce qu'on les persecute; mais ie demande qu'elle est cette persecution? Si l'on veut en rechercher la cause, l'on trouuera qu'elle vient de ce que deux Papes l'vn apres l'autre les ont condamnez & pour le droit & pour le fait, & pour la signature du Formulaire; & de ce que le Roy apres plusieurs iugemens que l'Eglise a rendus contre eux, ne veut plus souffrir dans ses Estats leur desobeïssance.

Les Religieuses desobeïssantes de Port-Royal suiuoient leurs sentimens; elles croyoient que toute l'Eglise Catholique estoit reduite à ceux de leur party: Elles auoient fait peindre, non par hazard, mais auec dessein, la teste des principaux sous la figure de saint Iean Chrysostome, & de saint Augustin, & tenoient ces Tableaux exposez publiquement dans leur maison, & mesme dans leur Chapitre; au lieu d'y exciter leur deuotion par quelque image de pieté: Elles les enterroient apres leur mort dans le preau, c'est à dire, dans le lieu où l'on enterre toutes les Religieuses: Elles conseruoient superstitieusement les ossemens de quelques-vns sous des noms empruntez, & s'en faisoient des Reliquaires, qu'ils appelloient des Saints modernes : Monſeigneur l'Archeueſque de Paris a pluſieurs de ces Reliquaires entre les mains ; i'en feray voir à ceux qui le deſireront : Elles rendoient à feu Monſieur l'Abbé de ſaint Cyran le meſme honneur que l'Egliſe a coûtume de rendre aux Saints qu'elle a canoniſez, & recitoient ſur ſon tombeau la meſme Antienne que l'on recite dans la feſte d'vn Confeſſeur non Pontife ; ce qu'elles faiſoient non en particulier, comme ils ont répondu, mais en commun. Les Lettres que pluſieurs écriuoient depuis la ſortie de leurs Meres paroiſſoient aſſez indifferentes, mais lors que l'on appliquoit ces Lettres au feu, l'on voyoit paroiſtre entre les lignes vne écriture blanche, qui découuroit leur artifice ; l'on a ſurpris ces Lettres que i'ay fait voir à Monſeigneur l'Archeueſque de Paris. Elles craignoient de mentir, ſi elles ſignoient le Formulaire, que les Papes, que l'aſſemblée generale du Clergé, que leur premier Superieur, qui eſt Monſeigneur l'Archeueſque de Paris, leur commandent de ſigner ; & elles ne craignoient point tous ces déguiſemens : Elles ſe faiſoient enfin comme les hommes, vne Egliſe particuliere : Les Procez verbaux que Monſeigneur l'Archeueſque de Paris a fait dreſſer dans ſes viſites, les Lettres qui ont eſté ſurpriſes, les manuſcrits que l'on a mis entre nos mains, & le témoignage des Sœurs qui ont ſigné, font foy de tout ce que i'ay dit, & nous font voir la verité de ce que dit l'Euangile : Que ceux qui font bien ne craignent point la lumiere ; & qu'au contraire, ceux qui font mal font ce qu'ils peuuent pour ſe cacher dans les tenebres.

Le Monaſtere de Port-Royal eſtoit comme le centre de toutes ces intrigues ; c'eſt pourquoy il eſtoit neceſſaire de connoiſtre le mal qui s'y faiſoit, & de diſſiper tout ce party : Cette diſſipation que l'on a faite a reüſſi, non ſeulement pour le bien general de l'Egliſe ; mais encore pour le ſalut de quelques-vnes de ces Religieuſes. Lors que ces Filles viuoient auec leurs Superieures, les vnes ne connoiſſoient point la verité ; les autres qui deſiroient ſigner, n'oſoient le faire en leur preſence : Lors qu'elles ſe ſont veuës libres, quelques-vnes ſont reuenuës à leur deuoir,

& ont conserué par leur obeïssance vn ordre que l'on auroit esté obligé de supprimer : La douleur que l'on a faite à quelques-vnes de les separer de leurs Meres, leur a esté sensible; mais enfin cette douleur les a sauuées : Ce n'est donc pas vne violence, ny vne tyrannie, mais vne conduite pleine de sagesse & de douceur, d'auoir rompu vne vnion qui leur estoit si dangereuse; ce n'est pas vne injure, mais vne grace; ce n'est pas vne persecution, mais vne charité d'auoir éloigné ces Filles de leurs Meres, qui les endormoient dans vne fausse paix; qui les flatoient dans leur desobeïssance; qui ne les nourrissoient pas du laict d'vne saine doctrine, comme parle saint Paul; mais qui leur faisoient aualer le poison de l'erreur; qui les estouffoient entre leurs bras; & qui ne les auoient receuës, ce semble, dans leur sein, que pour les retirer de celuy de l'Eglise leur veritable Mere.

Les Sœurs qui composent la maison de Paris sont toutes soûmises presentement : Quoy qu'elles ne soient pas en si grand nombre que celles de la maison des champs, elles ne laissent pas d'édifier l'Eglise autant que les autres la scandalisent, & de consoler Monseigneur l'Archeuesque de Paris autant que les autres luy donnent de déplaisir: Elles viuent dans l'Esprit de leur Regle; elles suiuent leurs Obseruances; elles continuent l'Office; elles trauaillent à rétablir leur Monastere sur d'autres plus solides fondemens; elles accomplissent fidelement ce que le Fils de Dieu leur a appris dans l'Euangile, parce qu'elles rendent à leurs Sœurs qui sont dans la desobeïssance le bien pour le mal, & les prieres pour les injures : Elles prennent sur tout le reuenu de la maison vingt mille liures qu'elles leur payent de quartier en quartier, & par auance, & sans aucune charge, & viuent auec le reste. La bonté que Monseigneur l'Archeuesque de Paris a pour elles, la liberalité du Roy, & tout le bien qui doit reuenir à la maison apres la mort de celles qui sont aux champs, auec ce qui leur reste, sont des moyens tres-suffisans pour soûtenir leur Monastere.

Les desobeïssantes n'ont pas droit de se plaindre des

postulantes & des Nouices qui remplissent leurs places. Car l'Escriture, comme remarque saint Augustin, ne dit pas que les hommes, mais que les Iustes s'éleueront auec vne grande assurance contre ceux qui auront enleué leurs trauaux. Nabath s'éleuera contre le Roy Achab, parce qu'il luy a rauy injustement l'heritage de ses Peres; mais les Chananeens ne s'éleueront point contre les Israëlites qui ont pris possession de leurs terres, parce qu'ils en ont esté chassez pour leurs pechez: De mesme les Catholiques s'éleueront contre les Heretiques qui les ont dépoüillez de leurs biens; mais les Heretiques ne s'éleueront iamais contre les Catholiques qui les ont chassez de leur païs & de leurs Temples, parce qu'ils n'ont pas voulu sortir de leur erreur: Comme les hommes sont montez dans le Ciel, lors que les Anges en ont esté precipitez par leur orgueil: Comme les Israëlites sont entrez dans la terre promise, lors que les Chananeens en ont esté chassez pour leur idolatrie: De mesme ces ieunes Filles que l'on a receuës dans le Monastere de Port-Royal ont remply la place des Anciennes qui en sont sorties par leur desobeïssance.

Chapitre IV.

Où l'on prouue que Monseigneur l'Archeuesque de Paris ne pouuoit plus laisser les Religieuses desobeïssantes de Port-Royal dans la participation des Sacremens, sans agir contre tous les principes de la Theologie Moralle.

La troisiéme & la plus grande persecution dont se plaignent les Religieuses de Port-Royal des champs, est de ce qu'on les priue des Sacremens. Ie répons que ce seroit agir contre tous les principes de la Theologie Moralle, & contre toutes les Regles de l'Eglise, si on les laissoit dans la participation des Sacremens, pour trois raisons.

La premiere est que leur foy est tres-suspecte: Ces

Filles sont de deux sortes: Les principales qui gouuernent la maison sont bien instruites de toutes les questions dont il s'agit, & sçauent les intrigues du party : Les autres sont simples, & suiuent aueuglément la conduite de leurs Meres. Celles qui sont instruites des matieres de la Grace sont dans l'erreur, & dogmatisent comme les hommes : Celles qui ne le sont pas, conseruent vne attache criminelle aux Directeurs qui les ont mal instruites, & sont dans les desirs & dans la volonté de suiure leurs sentimens. Ces dispositions les rendent toutes indignes des Sacremens : Les vnes, parce que leur foy est corrompuë : Les autres, parce qu'elles preferent auec opiniastreté les sentimens de leurs Directeurs particuliers au iugement de toute l'Eglise qui les a condamnez.

La seconde raison pour laquelle ie dis qu'elles sont indignes des Sacremens, est qu'elles resistent à toutes les Puissances que Dieu a mis au dessus d'elles. L'on ne peut douter que les commandemens qui nous sont faits par nos legitimes Superieurs pour vn bien general de l'Eglise, & sous de grandes peines, ne nous obligent en conscience: C'est la maxime que saint Paul establit dans l'Epistre aux Romains chapitre 13. vers. 2. [a] Lors qu'il dit que tous ceux qui resistent aux puissances Souueraines troublent l'ordre de Dieu, & s'acquierent vne eternelle damnation. Or il est certain que les Religieuses de Port-Royal des champs sont presentement dans cét estat : Premierement, ceux qui leur commandent la signature du Formulaire ont sur elles vne legitime authorité ; c'est le Pape qui est le Chef de l'Eglise ; c'est Monseigneur l'Archeuesque de Paris qui est leur premier Superieur ; c'est le Roy qui vnit sa puissance à celle de l'Eglise, pour conseruer la Religion dans son Royaume, & pour tenir ses sujets dans vne plus grande paix. Ce commandement est iuste & raisonnable, parce qu'il se fait pour vn bien general de l'Eglise ; qui est de connoistre par quelque marque exterieure ceux qui ne se soûmettent pas sincerement aux deux Constitutions. Enfin on leur ordonne sous de tres-grandes peines ; car N.

[a] Qui resistit potestati, Dei ordinationi resistit. Qui autem resistunt, ipsi sibi damnationem acquirunt.

S. P. Alexandre VII. dans sa derniere Bulle veut que l'on procede irremissiblement contre tous ceux qui auront refusé d'obeïr, par sentences, censures, punitions, & par tous les autres remedes de droit & de fait, selon les Constitutions Canoniques, & selon les Decrets des saints Conciles. C'est pourquoy ou les Regles que saint Paul nous a données sont fausses, lors qu'il dit que nous sommes obligez de nous soûmettre à nos Superieurs; ce que l'on ne peut croire sans erreur; ou le Pape qui ordonne la signature du Formulaire par sa derniere Bulle, & le Roy qui en ordonne l'execution, ont tous deux abusé de leur authorité; ce que l'on ne peut penser sans vne extreme temerité; ou l'on doit dire que les Religieuses desobeïssantes de Port-Royal ne peuuent resister à ce commandement que l'Eglise leur fait sans vn tres-grand peché, & par consequent sans estre indignes de s'approcher en cét estat des Sacremens.

I'adjoûte pour troisiéme raison tous leurs emportemens; les termes injurieux dont elles auoient coustume de se seruir lors qu'elles parloient du Pape & des Euesques qui les ont condamnées; la desobeïssance à tous les ordres de Monseigneur l'Archeuesque de Paris, qui leur auoit recommandé de demeurer dans la priere & dans le silence durant vn temps, & de ne point communiquer auec ceux de leur party; les écrits scandaleux & pleins de calomnies qu'elles ont publiez contre luy; la haine inueterée qu'elles ont contre quelques Ordres Religieux; le mépris qu'elles font de tous ceux qui ne suiuent pas leurs sentimens; les mauuais traittemens qu'en ont receuës les Sœurs qui ont signé; la violence qui a paru dans toute leur conduite, & mesme dans les ceremonies les plus saintes de l'Eglise; & plusieurs autres excez que nous auons dissimulez & soufferts auec patience, lors qu'elles estoient dans la maison de Port-Royal de Paris. Ie soûtiens pour toutes ces raisons que Monseigneur l'Archeuesque de Paris ne peut laisser dans la participation des Sacremens des Filles dont la foy est suspecte, dont les emportemens sont excessifs, & dont la desobeïssance offense toute l'Eglise.

[b] L'on dira peut-estre que ces Religieuses sont des Filles qui ne croyent pas offenser Dieu. Ie répons que cette ignorance ne les excuse point. Lors que saint Augustin explique ces paroles que nous lisons dans le Pseaume 54. vers. 16. Que la mort tombe sur eux, & qu'ils descendent en enfer viuans, il dit que l'Escriture nous a voulu representer ceux qui sont les autheurs d'vn Schisme, & ceux qui les suiuent, & les differentes peines dont Dieu se sert pour les punir : Coré, Datan, & Abiron firent vn Schisme, lors qu'ils voulurent separer le peuple Iuif de Moyse & d'Aaron. Ces mal-heureux descendirent en enfer viuans, lors que la terre s'ouurit pour les enseuelir : Ceux qui les suiuirent n'estoient pas si coupables, parce qu'ils n'auoient pas formé la sedition ; la mort ne laissa pas de tomber sur eux, lors que le feu qui descendit du Ciel les consomma : Le mesme arriue aux Heretiques : Les chefs de l'heresie & les principaux qui la soûtiennent descendent en enfer viuans, parce qu'ils connoissent bien tout le mal qu'ils font : Ceux qui les suiuent n'ont pas les mesmes connoissances ; la mort neantmoins tombe sur eux, & le feu les consomme, lors que la chaleur de la passion qui les anime fait qu'ils s'attachent auec opiniastreté aux principaux de leur party que l'Eglise condamne. La mort vient sur les vns, les autres s'y precipitent ; mais tous perissent également.

C'est là pensée que nous deuons auoir de tous les Iansenistes, & des hommes & des filles : Tous les hommes ne sont pas également coupables : Les vns sont plus sçauãs ; ce sont ceux qui composent les Liures, qui sçauent les intrigues, qui forment le party : Les autres ont beaucoup moins de connoissance, mais ils n'ont pas moins de passion : Ce sont ceux qui authorisent leur conduite, qui publient & qui loüent leurs écrits, qui s'interessent dans les accidens qui leur arriuent, & qui les appuyent de leur credit. Les premiers se perdent dans les lumieres de leur esprit ; & les seconds dans les chaleurs de la passion qui les attire à ce party : Mais enfin tous se perdent, parce que l'Eglise ne condamne pas seulement les principaux autheurs d'vne

[b] Veniat mors super eos, propter illos dixit, super quos venit ignis de cœlo : Et statim adiunxit, descendant ad infernum viuentes, propter duces quos terræ hiatus absorbuit. Nam quomodo descenderunt ad infernum de quibus dixerat, veniat mors super eos ? Si iam super eos mors venerat, quomodo viui ad inferos descendebant ? Ergo à minoribus cœpit, ad maiores conclusit. Veniat mors super eos qui consenserunt & consecuti sunt. Quid illi duces & Principes ? Descendunt ad infernum viuentes : Quia ipsi scripturas tractant, & nouerunt bene quotidie legendo quomodo Ecclesia Catholica per totum orbem terrarum ita diffusa est, vt omninò contradictio omnis vacet, nec inueniri possit aliquod testimonium pro Schismate eorum : Nouerunt bene ; ideo ad inferos viuentes descendunt, quia malum quod faciũt, malum esse nouerunt. Illos autem diuinæ iracundiæ ignis assumpsit : Studio enim contentionis accensi, à ducibus suis malis recedere noluerunt. Venit super ignem ignis, super ardorem dissensionis ardor consumptionis. Veniat mors super illos & descendant ad infernum viuentes. *S. August. in Ps. 54. pag. 336.*

herefie, mais encore tous ceux qui la ſoûtiennent. Ce que ie dis des hommes ſe peut dire des filles. Les Meres qui les gouuernent ſont bien inſtruites, & ſur le Droit & ſur le Fait, & ſur la ſignature du Formulaire, & ſçauent aſſez les ſecrets du party, pour ne pas pecher par ignorance: Les autres qui ſe laiſſent conduire ont beaucoup moins d'eſprit & de lumiere: Les vnes aiment l'erreur, & les autres la ſuiuent: Mais les vns & les autres ſe perdent, parce que leur ignorance ne les excuſe plus, apres les commandemens du Pape, de l'aſſemblée generale du Clergé & de leur Archeueſque, apres les inſtructions qu'on leur a faites ſur ce ſujet, & apres tout le temps qu'on leur a donné pour ſe reſoudre.

Mais l'on dira peut-eſtre qu'il auroit eſté plus à propos de ne point troubler le repos de ces Filles.

Ie répons que ce n'eſt point la coûtume de l'Egliſe de laiſſer dans vne fauſſe paix ceux qui ſont dans l'erreur. Ie trouue dans l'hiſtoire vn bel exemple ſur ce ſujet, & qui me paroiſt auoir vn grand rapport auec ce qui s'eſt paſſé dans le Monaſtere de Port-Royal.

Les Religieux qui viuoient ſous la conduite d'Eutychés eſtoient les plus celebres de leur temps; & pour leur nombre qui eſtoit grand, car ils eſtoient trois cens; & pour leur pieté, car elle eſtoit ſi exemplaire que toute la ville de Conſtantinople les admiroit; & meſme pour les ſeruices que quelques-vns d'eux auoient rendus à la Religion, car ils auoient ſoûtenu autresfois auec beaucoup de zele la Foy contre Neſtorius: Et neantmoins Eutychés leur Abbé eſtant tombé dans l'hereſie, ſaint Flauian ſon Archeueſque l'excommunia auec tous ceux du Monaſtere qui ne voulurent pas ſe ſeparer de la conduite de cét Abbé. Le Lecteur iugera ſi les plaintes que ces Religieux firent en ce temps-là contre leur Archeueſque, ne ſont pas les meſmes que les Religieuſes de Port-Royal ont coûtume de faire contre Monſeigneur l'Archeueſque de Paris. Voicy les Lettres qu'ils écriuent au faux Concile qui eſtoit aſſemblé en Epheſe, & qui eſtoit de leur party, auec la traduction que i'en ay faite.

Τὰς ἐπηγγελμένας παρὰ τοῦ φιλανθρώπου τοῦ Θεοῦ τοῖς εἰς αὐτὸν πεπιστευκόσι δωρεὰς, ἐκ τῶν θείων λογίων καταμαθόντες, † καὶ χρημάτων, καὶ οἷς ἕκαστος ἐκοσμεῖτο ἀξιώμασί τε, καὶ διαφόροις στρατείαις, καὶ πάντων ἅπαξ τῶν δοκούντων ἀνθρωπίνων εἶναι καλῶν ὑπεριδόντες, ὧν τε ἦμεν ἐν ἀπολαύσει, καὶ ὧν ἔτι προσεδοκῶμεν, ἐπὶ μίαν ἅπαντες τὴν τῶν μοναχῶν πολιτείαν καὶ καρτερίαν ἀπηντήσαμεν, τὸν τῶν τριακοσίων ἀριθμὸν ἤδη πληροῦντες χάριτι τοῦ δεσπότου Χριστοῦ· καὶ ὑφ' ἡγεμόνι τῷ εὐλαβεστάτῳ ἀρχιμανδρίτῃ Εὐτυχεῖ τοῖς τῆς εὐσεβείας καὶ δικαιοσύνης διδάγμασι πειθαρχοῦντες· καὶ τριακοστὸν ἐνιαυτὸν, μικροῦ πρὸς, οἱ πολλοὶ ταύτην τὴν καρτερίαν διατελέσαντες. ἀλλ' ὁ εὐλαβέστατος ἐπίσκοπος τῆς βασιλίδος Κωνσταντινουπόλεως Φλαβιανὸς, δέον τὰ μὲν παρόντα ἐπαινεῖν, ἐπὶ δὲ τὰ βελτίω προτρέπειν, καὶ πάσαις προνοίαις τοὺς ἀπὸ ἀνθρωπίνων τῷ Θεῷ προσδραμόντας συνέχειν, τοὐναντίον, ἤπερ ἔπρεπεν, εἴργασαι. τὸν μὲν ἡμέτερον ποιμένα συκοφαντίαις τε καὶ βλασφημίαις περιβαλὼν, καὶ πρόφασιν οὐκ ἀληθῆ τῆς αὐτοῦ καθαιρέσεως τὴν εὐσέβειαν ὑποκρινάμενος· ὅτι μὴ βλασφημεῖ μετ' αὐτοῦ παρὰ τὸν ὅρον τῆς πίστεως, ὃν ἐξέθετο μὲν ἡ ἐν Νικαίᾳ ἁγία σύνοδος, ἐβεβαίωσε δὲ ἡ πάλαι κατὰ τήνδε τὴν Ἐφεσίων· ἡμῖν δὲ παρεκελεύετο διὰ τοῦ ἀποσταλέντος παρ' αὐτοῦ Θεοδοσίου τοῦ πρεσβυτέρου, συμπαρόντων αὐτῷ καὶ ἑτέρων κληρικῶν, ἀφίστασθαι τοῦ ποιμένος, καὶ μηδὲ προσφθέγγεσθαι αὐτῷ ἔτι· καὶ τὰ τοῦ μοναστηρίου φυλάττειν αὐτῷ, τῷ τῶν πτωχῶν ὀνόματι, τοῦτο γὰρ ἐπραγματεύετο, ἢ τοῦτο μὴ ποιοῦντας, εἴργεσθαι καὶ αὐτοὺς μετὰ τοῦ διδασκάλου τῆς κοινωνίας τῶν θείων μυστηρίων. καὶ τὸ μὲν ἅγιον θυσιαστήριον, ὅπερ αὐτὸς, πρὸ ἓξ μηνῶν τῆς μελετηθείσης ἐπιβουλῆς κατεπήξατο, κενὸν τῆς θείας ἱερουργίας ἐστί. μεμενήκαμεν δὲ ἡμεῖς ἄχρι τῆς ἁγίας ὑμῶν συνόδου ταῖς ἀδίκοις ταύταις ἀποφάσεσιν αὐτοῦ δεδεμένοι. τινὲς δὲ καὶ τῶν ἀδελφῶν ἡμῶν τετελευτήκασιν ἐν τῷ τῆς ἀδίκου τιμωρίας σχήματι. καὶ τὰ μὲν ἄλλα τῆς ἀσκήσεως συνήθως πράττομεν, κατὰ τὸν θεσμὸν τῶν μοναχῶν, ἀλλότριοι δὲ καθεστήκαμεν, ὧν οἱ ἀσεβεῖν κατακριθέντες, ἐν ταύτῃ δακρύοντας ἡμᾶς τεθέαται τῇ συμφορᾷ ἡ σωτήριος ἡμέρα τῶν γενεθλίων τοῦ δεσπότου καὶ σωτῆρος ἡμῶν Θεοῦ καὶ κυρίου Ἰησοῦ Χριστοῦ· καὶ τὴν πᾶσι χριστιανοῖς εὐφροσύνην ὑπάρξασαν, ἡμεῖς πενθοῦντες διετελοῦμεν· ἀντὶ τῶν προσευχῶν τῆς μυσταγωγίας, θρήνους ἐκ τῆς γλώττης προχέοντες. ἐν τούτοις ἡμᾶς καὶ ἡ τῶν ἐπιφανίων ἡμέρα διεδέξατο· καὶ ὥσπερ οἱ θανάτῳ προσομιλοῦντες, φιλοψύχως ἔχοντες, τὴν τελευτὴν καταδύρονται, οὕτως ἡμεῖς ἐπὶ τῇ τῶν ἀχράντων μυστηρίων ἀφαιρέσει,

» πενθοῦντες διετελοῦμεν. ἐπέστη δὲ ἡ τοῦ σωτηρίου πάθους ἡμέρα, καὶ
» νὺξ ἱερὰ, καὶ τῆς ἀναστάσεως ἑορτὴ, καθ' ἣν λύεται μὲν τοῖς πλείστοις
» τῶν ἡμαρτηκότων τὰ ἀπὸ τῶν ἁγίων πατέρων ἡμῶν ἐπιτίμια, λύεται
» δὲ παρὰ τῶν βασιλευόντων ἐπὶ τῶν ἐγκλημάτων τὰ δεσμὰ τοῖς ὑπευ-
» θύνοις, ἡδονῆς δὲ δικαίας πᾶς οἶκος, καὶ ἀγορὰ πᾶσα πεπλήρωται·
» ἡμεῖς δὲ, τοῖς τῶν ἀδίκων ἀποφάσεων δεσμοῖς κατεχόμενοι, οὐδὲν
» φιλάνθρωπον τοῦ κατακρίναντος εἴδομεν· ἀλλὰ μεμένηκεν ἀκλινὴς
» ἄχρι τοῦ παρόντος, ἐννέα μηνῶν περί που ἤδη παραδραμόντων,
» τοιαύτην πάντως ἐφ' ἑαυτῷ τὴν παρ' ὑμῶν ψῆφον τυπῶν, ἵνα τῆς
» οἰκείας ἐφ' ἡμῖν ἀδίκου κρίσεως ἄξιον εὕροι καρπὸν, τὴν ἐπ' αὐτῷ
» παρ' ὑμῶν δικαίαν ψῆφον· καὶ οὕτως κατὰ τὴν θείαν γραφὴν, κριθῇ
» μὲν, ὡς ἔκρινεν, ἀπολαύσῃ δὲ, ὡς ἐπεβούλευσε. διόπερ καθικετεύο-
» μεν τὴν ὑμετέραν ἁγίαν σύνοδον, συναλγῆσαι μὲν ἡμῖν τῆς τοσαύ-
» της ἀδίκου κολάσεως, ὑπὲρ εὐσεβείας παρὰ ἱερέως ὑπομεμενηκόσιν
» αὐτήν· ἀποδοῦναι δὲ, ἡμῖν μὲν ὧν οὐ δικαίως ἀφαιρούμεθα μυστη-
» ρίων, τῷ δὲ ταῦτα δεδρακότι τὴν ἀμοιβὴν, ὧν οὐ δικαίως ἔκρινεν.

» C'eſt à dire : Nous nous ſommes retirez dans cette ſoli-
» tude, apres auoir conſideré les grandes recompenſes que
» Dieu promet à ceux qui le ſeruent ; nous y viuons par la
» grace de noſtre Seigneur au nombre de trois cens tres-
» bien vnis, ſous la conduite & ſous l'obeïſſance d'Eutychés
» noſtre tres-ſaint Abbé : Mais il eſt arriué que Flauian
» noſtre Archeueſque, au lieu d'entretenir le bien qui eſt
» en nous, a condamné l'Abbé noſtre Paſteur, parce qu'il
» ne veut point s'éloigner de la Foy que le ſaint Concile de
» Nicée a établie, & que celuy d'Epheſe a depuis confirmée.
» Il veut que nous nous retirions de la conduite de cét Ab-
» bé, & que nous n'ayons plus de communication auec luy,
» autrement il nous a menacez de nous priuer de la partici-
» pation des Sacremens. L'on n'offre plus de ſacrifice ſur le
» ſaint Autel de noſtre Egliſe, qu'il a dreſſé & conſacré luy-
» meſme depuis ſix mois. Nous auons gemy & gemiſſons
» encore ſous cette dure & injuſte ſentence, & meſme quel-
» ques-vns de nos Freres ſont morts en cét eſtat. Nous
» obſeruons les autres Regles de noſtre Monaſtere ; mais
» nous demeurons priuez des Sacremens, comme ſi nous
» eſtions des impies. Nous auons paſſé dans la triſteſſe le
» ſaint iour de Noël, qui eſt vn iour de joye pour tous les

autres ; & parce que nous ne pouuions plus offrir à Dieu «
de Sacrifice, nous nous contentons de luy offrir celuy de «
nos gemissemens & de nos larmes : Comme les hommes «
qui aiment beaucoup la vie, pleurent amerement lors «
qu'ils sont proches de la mort ; de mesme toutes les gran- «
des solennitez renouuelloient nostre douleur, parce que «
nous ne pouuions plus nous approcher des saints Mysteres «
ny receuoir le pain de vie, que nous aimions vniquement. «
Le iour de Pasques est suruenu, ce grand iour qui oblige «
les Euesques à accorder aux penitens la remission de leurs «
pechez, & qui excite tous les Princes de la terre d'ouurir «
la prison aux criminels, ne nous a pas esté plus fauorable «
que les autres iours, & nous a laissez dans les liens que «
nous souffrons injustement. Nostre Archeuesque s'est «
rendu depuis neuf mois inexorable : C'est pourquoy nous «
prions vostre sainte Assemblée de compatir aux maux que «
nous souffrons ; & apres nous auoir retably dans la parti- «
cipation des Sacremens, de luy faire souffrir la iuste peine «
de l'injuste sentence qu'il a prononcée contre nous.

Ce sont les plaintes que les Eutychiens faisoient à ceux de leur party ; & que les Religieuses de Port-Royal font encore tous les iours contre Monseigneur l'Archeuesque de Paris. Ils se plaignoient de ce qu'on les troubloit dans leur repos, comme elles se plaignent de ce qu'on ne les laisse pas dans leur silence. Ils promettoient de receuoir tous les dogmes de la Foy, comme elles se soûmettent en apparence à tout ce qui est du Droit. Ils croyoient suiure la doctrine de saint Athanase, saint Cyrille, saint Gregoire, comme elles croyent suiure celle de saint Augustin & de saint Thomas. Enfin l'histoire nous apprend que ces Religieux & leur Abbé qui vouloient paroistre Catholiques, firent publiquement leur Profession de Foy, qui contenoit tous les articles decidez contre les Heretiques dans les Conciles precedens, comme les Religieuses de Port-Royal en ont fait vne qui contient tous les dogmes que le Concile de Trente a definy contre les heresies de Luther & de Caluin. La difference vnique que ie remarque, est que ces Religieux se soûmirent à la sentence de Flauian leur Archeuesque, quoy qu'ils la crussent iniuste; au lieu que les Religieuses de Port-Royal des champs ont resisté à tous les Ordres de Monseigneur l'Archeuesque de Paris, & n'ont pas laissé de chanter publiquement l'Office de l'Eglise contre la deffense qu'il leur en auoit faite, sur peine d'excommunication.

Quoy que cette opiniastreté soit extraordinaire, elle n'est pas neantmoins sans exemple : Car saint Epiphane a remarqué dans l'heresie 69. que sept cens Religieuses qui s'estoient attachées à la doctrine d'Arius furent separées de la Communion de l'Eglise Catholique, parce qu'elles ne voulurent point abandonner le party de ces Heresiarques.

Ὡς δὲ οὐκ ἐπείσθη τῇ ἀληθείᾳ, ἐξεωσαν αὐτὸν τῆς Ἐκκλησίας, καὶ ἐκκήρυκτον ποιεῖ ἐν τῇ πόλει. σὺν αὐτῷ δὲ ἀπεσπάσθησαν αἱ προειρημέναι παρθενεύουσαι, καὶ Κληρικοὶ οἱ προειρημένοι, καὶ ὄχλος ἄλλος πολύς.
S. Epiphan. libro 2. tom. 2. heresi LXIX.

Chapitre V.

La coûtume de tous les Heretiques est de s'appeller les Disciples des Peres.

CEux qui excusent les Religieuses de Port-Royal, disent qu'ils ne peuuent signer le Formulaire, parce qu'ils condamneroient saint Augustin & saint Thomas, & la grace efficace que ces deux saints Docteurs ont establie. Ie leur répons que la signature du Formulaire ne les oblige point à condamner ny saint Augustin, ny saint Thomas, ny la grace efficace; mais le Liure de Iansenius.

C'est la coûtume de tous les Heretiques de dire que leur doctrine est celle de quelque Pere, pour mieux cacher leur heresie. Ainsi les Ariens se sont voulus couurir sous le nom de saint Denis d'Alexandrie; Pelagius sous celuy de saint Ambroise; Iulien sous celuy de saint Iean Chrysostome; les Eutychiens sous celuy de saint Cyrille; les Monothelites sous celuy de saint Denis; Gothescalque & dans les derniers siecles Luther & Caluin & quelques autres sous celuy de saint Augustin : C'est la remarque du » Pape Martin premier, qui disoit dans le Concile de La- » tran que les Heretiques qui attaquent la Hierusalem

a Qui spiritalem expugnant Hierusalem, id est Catholicam Ecclesiam, imitantur eos qui terrenam expugna-

« spirituelle, qui est l'Eglise, estoient semblables au per-
« fide Rapsacés qui voulut surprendre la ville de Hieru-
« salem: Ce mal-heureux parloit aux Iuifs auec vne gran-
« de douceur; & lors qu'il leur parloit, il se seruoit de leur
« langue & non pas de la sienne, parce qu'il ne vouloit
« pas paroistre leur ennemy; il ne leur disoit pas qu'il les
« traisneroit par force en Babylone; mais il les prioit de
« se donner à luy, & il les asseuroit que la terre dans la-
« quelle il les vouloit conduire estoit semblable à celle de
« leur païs, & qu'elle estoit encore plus abondante: C'est
« l'artifice de tous les Heretiques: s'ils se faisoient con-
« noistre, les Catholiques s'éloigneroient d'eux en mes-
« me temps. Que font-ils donc? Ils se déguisent autant
« qu'ils peuuent; ils trompent ceux qui les voyent par la
« reforme de leur exterieur; ils attirent ceux qui les
« écoûtent par la douceur de leurs paroles; ils disent que
« leur doctrine est celle des premiers siecles de l'Eglise;
« ils ne se seruent pas de leur langage, mais de celuy des
« Peres pour abuser plus aisément ceux qui les croyent:
« Ce grand zele pour la discipline de l'Eglise, cét amour
« de la verité, cette apparence de reforme, ce respect
« pour l'ancienne doctrine, cette Tradition de tous les
« Peres, ces liberales aumosnes qu'ils font aux pauures,
« & toutes les autres vertus exterieures sont comme les
« trous de cette pierre dans laquelle se cache l'heresie, &
« dont il est necessaire de la tirer adroitement pour la faire
« connoistre aux yeux de tout le monde. Ce sont les pa-
roles du Pape Martin premier, qui nous apprennent le sage discernement que l'on doit faire de la doctrine des SS. Peres d'auec celle des Heretiques qui s'appellent leurs Disciples. Les Catholiques écoûtent la voix de leurs Pasteurs, mais ils craignent celle des estrangeres; ils suiuent les lumieres qui les conduisent dans les voyes du salut, mais ils éuitent celles qui les precipiteroient dans le naufrage: C'est pourquoy l'honneur qu'ils portent aux Peres de l'Eglise n'empesche pas qu'ils ne condamnent les Heretiques; au contraire, plus ils honnorent & aiment les premiers, plus ils méprisent & haissent les seconds.

uerunt Hierusalem, & festinant & ipsi paternis abuti quodammodo doctrinis, sicut Rapsaces patria voce contra Iudæos abusus est, vt difficile nequitia eius potuisset sentiri, sicut & ipsi propriam insidiant. Nec enim in honorem Patrum, sed in deceptionem simplicium, sicut ille Iudæorum, hoc callidè peragere nituntur. .... Sunt enim foramina petrarum, ipsæ sanctorum Patrum de Christo mysticæ traditiones. Conatur namque & in his foraminibus dolosè se abscondere hæretici, vt putentur sanctissimi & non scelerosi paruulis. *Tom. 2. Concil. p. 439. in Concil. Lateran. Rom. tempore Martini Papæ I. celebrato.*

Nous pouuons nous seruir de deux marques pour reconnoistre les Heretiques, & pour les distinguer des SS. Peres; la premiere est la soûmission qu'ils refusent à l'Eglise; la seconde est la passion qui les anime, & qui paroist dans leurs écrits.

L'histoire nous apprend l'vn & l'autre : Les Ariens qui se seruoient de plusieurs artifices pour paroistre Catholiques s'appelloient les Disciples du Martyr Lucien, & soûtenoient que leur doctrine estoit celle de S. Denis d'Alexandrie, parce que ce Pere paroissoit leur estre fauorable dans quelques-vns de ses écrits. S. Athanase leur répond,
,, La coûtume des Heretiques est de s'appeller auec vani-
,, té les Disciples des Peres, comme les Iuifs s'appelloient
,, les Enfans d'Abraham : Mais comme le Fils de Dieu
,, répondit aux Iuifs pour les confondre: Abraham vostre
,, Pere m'a connu, & n'a iamais fait ce que vous faites:
,, Nous pouuons aussi répondre aux Heretiques : La con-
,, duite de ceux dont vous vous appellez faussement les
,, Disciples a esté bien éloignée de la vostre : Car tous les
,, Peres sont demeurez paisiblement dans le sein de l'Egli-
,, se leur Mere : Et vous au contraire, vous resistez à cette
,, Eglise, & vous la troublez par vostre opiniastreté.

Εἰς τὸν πατριάρχην κατέφυγον· λέγοντες, ἡμεῖς πατέρα ἔχομεν τὸν ἀβραάμ· καὶ νομίζοντες ἐν τούτῳ δύνασθαι τὴν ἀλογίαν αὐτῶν ἐπικαλύπτειν· ἀλλ' οὔτε ἐκεῖνοι τοῦτο λέγοντες ὤνησάν τι, οὔτε οὗτοι διονύσιον ὀνομάζοντες, φυγεῖν τὴν ὁμοίαν ἐκείνοις αἰτίαν δυνήσονται· καὶ γὰρ κἀκείνους ἐφ' οἷς παρηθόμουν ἤλεγξεν ὁ κύριος λέγων· τοῦτο ἀβραὰμ οὐκ ἐποίησε· καὶ τούτους ἀσεβοῦντας καὶ ψευδομένους, αὐτὴ πάλιν ἀλήθεια διελέγξει.

L'heretique Gothescalque auoit accoûtumé de dire: I'aduoüe que ma doctrine est contraire à celle de quelques Peres, mais l'on ne peut douter que saint Augustin ne soit des miens. Hincmare Archeuesque de Rheims luy
,, répond : Tous les passages de saint Augustin que vous
,, entendez mal ne sont pas si difficiles à expliquer : Mais
,, quand ie trouuerois quelque difficulté dans les écrits
,, de ce saint Pere, ie ne croyrois pas pour ce sujet ce que
,, vous dites : Car ce grand Saint nous a souuent repre-
,, senté Iesus-Christ mourant sur la Croix, &
,, priant pour le salut de ses persecuteurs, & il a esté luy-
,, mesme toute sa vie plein d'humilité & de douceur : Et
,, ie vois au contraire que vous estes plein de vanité, &
,, que vous ne pouuez parler de vos ennemis sans passion,
,, ny écrire sans calomnies & sans injures. Ce sont les
réponses que les SS. Peres ont faites aux Heretiques;

c Idem quippe Gothescalcus solet frequentissimè dicere, vt sæpè commemorauimus, loquens de beato Augustino, Augustinus noster. Sed & hic non est suus Augustinus quia non taliter docuit orare pro inimicis, sicut orat Gothescalcus, qui non est Augustini. Dicit enim beatus Augustinus in sermone de verbis Apostoli: Si ergo Christum volumus imitari, per ipsam viam debemus currere, qua Christus & in cruce pendens dignatus est ambulare. In cruce enim fixus erat, & charitatis viam currens pro

Mais pour laisser ces lieux communs qui déplaisent aux Iansenistes, & auec quelque raison, parce qu'ils font voir le rapport qu'ils ont auec les Heretiques qui les ont precedez ; ie veux descendre dans le particulier, & faire voir que la signature du Formulaire ne les oblige point à condamner ny saint Augustin, ny saint Thomas, ny la grace efficace.

suis persecutoribus supplicabat. *Hincmarus de non Trina deitate p. 550. 551.*

CHAPITRE VI.

La signature du Formulaire n'oblige point les Iansenistes à condamner saint Augustin.

SAINT Athanase ne pouuoit souffrir, comme i'ay dit, que les Ariens se seruissent des écrits de saint Denis d'Alexandrie pour appuyer leur heresie ; il composa pour ce sujet vn excellent traitté, dans lequel il propose deux regles pour bien entendre la doctrine d'vn Pere, lors que les Heretiques en corrompent le sens.

La premiere est que nous deuons lire tous les Liures de ce Pere : Car comme nous ne pouuons bien remarquer l'esprit d'vn ouurier, ny connoistre toute son industrie, si nous ne considerons toutes les parties de son ouurage : De mesme nous ne pouuons bien entendre le sens d'vn Pere, si nous nous contentons de lire quelques passages, ou quelques Traductions, ou quelques-vns de ses Liures seulement ; nous deuons lire tous ses écrits, & les conferer les vns auec les autres, parce qu'il arriue assez souuent que ce qui est obscur dans vn traitté, est expliqué dans vn autre traitté, où le mesme Pere parle plus clairement. Saint Athanase apres auoir expliqué cette premiere regle, accuse de mauuaise foy les Ariens, & il les reprend de ce qu'ils ne se seruoient que d'vne Epistre de S. Denis qu'ils faisoient lire à tous les Catholiques pour les surprendre, au lieu de leur representer la verité comme elle estoit dans ses autres ouurages.

La seconde regle est que nous deuons beaucoup considerer le temps dans lequel ont écrit les SS. Peres, & les Heretiques qu'ils ont entrepris de combatre; autrement si nous ne connoissons la fin qu'ils se proposent dans leurs disputes, nous ne pourrons sans peine les accorder les vns auec les autres, ny bien entendre le sens de leurs écrits. Tous ne se sont pas seruis des mesmes armes pour deffendre l'Eglise, parce que tous n'ont pas combattu les mesmes ennemis: Leur foy n'a esté qu'vne, mais ils l'ont expliquée en des termes differens: Si les Medecins changent quelquesfois leurs remedes, ce changement n'est pas vne preuue de la legereté de leur esprit, ny de l'inconstance de leur art; mais de la diuersité des maladies qu'ils traittent: De mesme si les SS. Peres s'expliquent en des termes differens, cette difference n'est pas dans leur opinion, & encore moins dans la foy qu'ils soûtiennent: Mais elle est seulement dans le temps & dans la diuersité des heresies qui se presentent: Le saint Esprit qui les anime est toûjours vn: c'est pourquoy ils ne trahissent iamais la verité, mais cét Esprit est infiny; c'est pourquoy ils expliquent cette verité differemment: Ainsi les Peres qui ont écrit contre les Sabelliens, n'ont pas parlé comme ceux qui ont combattu contre les Ariens: Et au contraire, ceux qui ont combattu contre les Ariens n'ont pas parlé comme ceux qui ont écrit contre les Sabelliens: Tous neantmoins ont deffendu l'Eglise, & tous ont soûtenu la mesme Foy. Saint Athanase apres auoir expliqué cette seconde regle, reproche aux Ariens d'auoir corrompu le sens de saint Denis; parce que le dessein vnique de ce Pere qui auoit écrit contre les Sabelliens, auoit esté de distinguer la Personne du Fils d'auec celle du Pere, & de prouuer l'Humanité de IESVS-CHRIST; mais il n'auoit iamais pensé à luy rauir la gloire de sa Diuinité, comme faisoient les Ariens.

Ces deux regles dont s'est seruy saint Athanase pour deffendre la foy de saint Denis contre les Ariens, nous seruiront pour iustifier celle de saint Augustin contre les Iansenistes.

Ie dis donc premierement que nous ne pouuons sçauoir quels ont esté les sentimens de ce Pere sur la Grace, si nous

nous nous contentons de lire ces Traductions Françoises que les Iansenistes ont faites de quelques - vnes de ses Epistres, & de quelques Liures qu'il a écrits contre les Pelagiens; nous deuons lire tous ses autres écrits, & les lire dans l'Esprit de l'Eglise qui en peut mieux iuger que nous: Car cette Eglise reçoit de son diuin Espoux tous les secours qui luy sont necessaires pour bien entendre le sens de l'Escriture & des saints Peres ; & par consequent elle les interprete beaucoup mieux que des Autheurs particuliers, qui ont souuent & dans l'esprit peu de lumiere, & dans le cœur beaucoup de passion.

Secondement, nous deuons remarquer les heresies que saint Augustin entreprend de combattre contre les Pelagiens: Son dessein principal est de prouuer contre eux que le peché originel a corrompu nostre nature ; que nous ne pouuons faire nos bonnes œuures comme il faut sans la grace ; que cette grace n'est pas donnée à nos merites ; & que tout nostre salut depend de Dieu: C'est la foy que saint Augustin a establie contre ces Heretiques, & que tous les Fideles ont suiuie : C'est pourquoy nous ne deuons pas nous estonner s'il parle si puissamment de la necessité & de la force de cette grace contre ceux qui l'ont voulu aneantir : Ie ne veux pas dire que ce Pere ait rien auancé contre la verité, ou qu'il ait traitté les questions dont ie parle sans auoir expliqué la maniere dont la grace agit sur le cœur de l'homme : Mais ie veux dire que nous ne pouuons connoistre ses veritables sentimens, si nous ne lisons tous ses écrits auec grande attention, & si en les lisans nous ne soûmettons nostre iugement à celuy de l'Eglise qui sçait mieux les expliquer que nous.

Les Iansenistes ne citent plus les passages de ce Pere; mais ils disent en des termes generaux qu'ils ne peuuent signer le Formulaire, parce qu'ils condamneroient S. Aug. C'est pourquoy ie me contente de leur répondre que cette signature ne les oblige point à condamner saint Augustin, mais Iansenius qui en corrompt le sens. Tous les Docteurs qui establissent vne grace suffisante, & vne autre efficace, condamnent-ils saint Augustin ? Au contraire, ils se ſeruent des écrits de ce Pere pour authoriſer leur ſentiment. Les Eueſques de France condamnent-ils ſaint Auguſtin ? Au contraire, ils diſent expreſſément dans le Formulaire qu'ils ont dreſſé, que leur intention n'eſt pas de condamner ce Pere, mais Ianſenius qui l'a mal expliqué. Le Pape a declaré le meſme pluſieurs fois : On ne veut donc pas que ceux qui ſignent le Formulaire condamnent ſaint Auguſtin, mais l'on veut qu'ils condamnent Ianſenius qui a crû entendre mieux que les autres ſaint Auguſtin.

Ianſenius ne dit-il pas luy-meſme dans le Liure intitulé de la Raiſon & de l'Authorité chapitre 23. que tous les Docteurs Catholiques & Heretiques ſe perſuadent qu'ils ſuiuent S. Auguſtin : Voicy ſes termes. Tous ſe ſeruent, dit-il, des termes de ce Pere, tous empruntent ſon nom, tous s'appuyent ſur ſon authorité, tous enfin s'appellent ſes diſciples : Comme les Academiciens & les autres Philoſophes s'appelloient tous les diſciples de Socrate, quoy que leurs ſectes fuſſent tres-differentes : De meſme tous ceux qui écriuent ſur la Grace veulent paroiſtre les diſciples de ſaint Auguſtin, quoy qu'ils ne le ſoient pas. Si Ianſenius a fait ce iugement des autres, pourquoy ne le ferons-nous pas auſſi de luy ? Et pourquoy ne pourrons-nous pas dire auec toute l'Egliſe que luy-meſme s'eſt trompé, lors qu'il a crû ſuiure ſaint Auguſtin ?

Nimirum omnes & in Chriſti Eccleſia, & in ſatanæ Synagoga, & in Regum Palatiis, & in Doctorum Palatiis Auguſtinum arbitrum depoſcunt, Auguſtini armis atque auctoritate ſeſe muniunt, ac tuentur. De quo meliori ſanè iure dixeris, id quod olim de Socrate Philoſophi, doctrinæ Theologiæ diuerſitatem ex diuerſa ſancti Auguſtini interpretatione fluxiſſe; quemadmodũ Philoſophorũ ſectæ ex varia Socraticæ doctrinæ intelligentia, teſte Cicerone dimanarũt; qui cùm de peripatecis Academicus loqueretur, vtrique, inquit, Socratici eſſe volumus. Nempe omnes nunc Auguſtiniani eſſe aut videri volumus. *Ianſ. lib. de Ratione & Author. cap. 23. pag. 52.*

CHAPITRE VII.

La ſignature du Formulaire n'oblige point les Ianſeniſtes à condamner la doctrine de ſaint Thomas.

Ianſenius parle de tous les Scholaſtiques, & meſme des Thomiſtes auec un grand mépris.

EN ſecond lieu, la ſignature du Formulaire ne nous oblige point à condamner ny ſaint Thomas ny les Thomiſtes, pour deux raiſons.

La premiere est que Iansenius parle ordinairement de tous les Scholastiques, & mesme des Thomistes auec vn grand mépris: Lors qu'il parle des nouueaux Scholastiques dans le chapitre 29. du Liure que i'ay déja cité, qui est le Liure intitulé de la Raison & de l'Authorité, il dit auec vn excessif emportement : Que tous ces nouueaux « Scholastiques ne connoissent rien ny dans la nature, « ny dans la grace, ny dans la crainte, ny dans la charité, « ny dans le peché, ny dans la vertu, ny dans la justice, « ny dans la misericorde, ny dans les Anges, ny dans les « hommes, ny dans l'estat d'innocence, ny dans celuy de « la nature corrompuë, ny dans l'Ancien ny dans le « Nouueau Testament : Il dit encore que les raisonne- « mens humains dont ils se seruent ont couuert de tene- « bres la verité, & ont tout confondu dans la Theologie: « Et apres il adjoûte qu'il ne n'y parle point temeraire- « ment ny auec hyperbole, parce que celuy qui lira ses « ouurages en reconnoistra plus qu'il ne dit. «

Recentiores isti profectò tantum ab ostio veræ Theologiæ, fide saluâ aberrauerunt, vt neque fidem Christianam, quam animo vt Catholici tenent, neque spem, neque cupiditatem, neque charitatem, neque naturam, neque gratiam, denique neque vetus neque Nouũ Testamentum intelligere videantur, sed Babylonicam quandam confusionem, cimmeriasque quasi tenebras in Theologiæ Moralis faciẽ, nimium ratiocinationibus indulgendo, intulisse. Hyperbolicè vel temerè me ista fundere citra dubium Lector quisque modestior arbitrabitur; sed singula suis locis, multóque fortassis plura quàm dixi, iuxta sancti Augustini principia Deo iuuante patefient. *Iansf. lib. de Ratione & Anctor. cap. 28. pag. 82.*

Ce ne sont pas seulement les nouueaux Scholastiques qu'il condamne; il méprise encore tous les anciens : Car il dit dans les deux derniers chapitres du mesme Liure, que l'on ne doit pas beaucoup considerer les opinions « qui regnent dans les Escholes ny dans toute l'Eglise, « ny s'estonner si elles se sont acquises depuis cinq cens « années vne si grande authorité, & pour l'antiquité de « ceux qui les enseignent, & pour le grand nombre de « ceux qui les suiuent, puisque IESVS-CHRIST s'est « appellé la verité, & non pas la coûtume; & que pour luy « il ne laissera pas de declarer ses sentimens, & de les expliquer selon les principes de saint Augustin, quoy que tous les Scholastiques luy soient contraires. Ce sont les propres termes de cét Autheur.

Verumtamen vbicunque mihi non certis ex testimoniis Augustini liquet, quid de rebus obscuris ipse senserit, quantum Deo iuuante potui, ab asserendi præcipitatione temperaui: Vbi verò traditæ ab eo sententiæ certitudo perspicuis & consonantibus vndique principiis ac documentis aperitur, nefas putaui, id quod eliquata veritas ipsius esse demonstrasset, non incunctanter tanquam ipsius, quamuis refragantibus Scholasticis vniuersis, asserere. *Iansf. lib. de Ratione & Anctor. cap. 29. pag. 63.*

Ce sont les Thomistes aussi bien que les autres Scholastiques qu'il méprise. Voicy ce qu'il en dit dans vne Lettre qu'il écriuit à Monsieur l'Abbé de saint Cyran, dattée de Louuain le cinquiéme Mars 1621. Car pour « vous parler naïuement, ie tiens fermement qu'apres les « Heretiques il n'y a gens au monde qui ayent plus cor- «

An fortè respondebunt mihi, Scho-

„ rompu la Theologie que ces Clabaudeurs que vous „ connoissez ; que si elle se deuoit redresser au stile ancien, „ qui est celuy de la verité, la Theologie de ce temps „ n'auroit plus aucun visage de Theologie .... „ i'ose dire auoir assez découuert par des principes im- „ mobiles, que quand toutes les deux Escholes, tant des „ Iesuites que des Iacobins, dispuceroient iusques au bout „ du Iugement, poursuiuans les traits qu'ils ont commen- „ cez, ils ne feront autre chose que s'égarer beaucoup ; „ l'vne & l'autre estant cent lieuës loin de la verité. Ie „ n'ose dire à personne ce que ie pense, selon les principes „ de saint Augustin, d'vne grande partie des opinions de „ ce temps, & particulierement de celles de la Grace & „ de la Predestination, de peur qu'on ne me fasse le tour „ à Rome qu'on a fait à d'autres deuant que toute chose „ soit meure & a son temps.... Ie suis dégoûté vn peu de „ saint Thomas, apres auoir succé saint Augustin ; toutes- „ fois pour l'amour de vous ie feray ce que vous me de- „ mandez quand ie seray venu à ses Liures, & auray en- „ tendu entierement vostre intention : Si c'est neant- „ moins pour vous, ie ne vous conseilleray point de vous „ amuser à cela : Vous prendrez en bonne part que ie vous „ parle si librement.

Le mesme Iansenius parlant des Thomistes & des Molinistes dans le second Liure de la grace du Sauueur cha- „ pitre troisiéme, dit que les Thomistes qui croyent „ que la grace efficace a esté necessaire à l'homme en tout „ estat deshonnorent les dons du Createur, parce qu'ils „ traittent la nature humaiue comme malade lors qu'elle „ est saine, la faisant aussi foible dans l'estat d'inno- „ cence qu'apres la cheute dans son peché ; & qu'au con- „ traire les Molinistes qui disent que la grace suffisante „ deuient efficace dans l'estat où nous sommes par le „ consentement de nostre volonté, rendent inutile la „ grace du Redempteur, parce qu'ils traittent la nature „ humaine comme saine lors qu'elle est malade, la croyant „ aussi robuste apres sa cheute dans le peché, qu'elle l'estoit dans le premier estat de sa creation. Et delà il

lasticorum sententias quæ hic ab Augustino videntur esse reprobatæ iam à quingentis ferè annis per vniuersam penè Ecclesiam fuisse familiares, ideoque sequi, Ecclesiam penè totam errorum esse ream? Populus enim Christianus vbique terrarum tenet, quod Parochi & Antistites docent: Hi verò quod in Scholis à Doctoribus, vel in scriptis eorum traditum perceperunt. Respondeo si de temporis mora quæstio est, multis centenis annis ante natas illas recentiorum opiniones aliter ab Augustino ac discipulis eius per totam Ecclesiam resonantibus, & communi Christianorum astipulatione probatis, vsque ad aduentum eorum qui noua veteribus superinduxere, traditum fuit .... nemo igitur ab improbandis huiusmodi inueteratis opinionibus Ecclesiam vetustate territet, quasi propter temporis diuturnitatem, qua in Scholarum pulpitis familiares factę sunt, irreprehendibiles esse debeant, si fortè liquidè constet, eas toties probatis ab Ecclesia sanctissimi Doctoris placitis refragari. Nam quemamodum iuxta Tertullianum, Dominus noster Christus veritatem se, non consuetudinem cognominauit: Ita non opiniones hominũ diuersorum diuersas pro temporum vel rationum occurrentium varietate variantes, sed semel traditam à Patribus veritatem sequen-

conclud que les vns & les autres ſe ſont trompez dans la connoiſſance du Myſtere de la Grace ; parce qu'ils ont ſuiuis les deux extremitez, au lieu de tenir le milieu auec ſaint Auguſtin. Le meſme parlant dans le quatriéme Liure de la grace du Sauueur, de la maniere dont la grace efficace agit ſur le cœur de l'homme, dit que les Thomiſtes qui la confondent auec leur premotion Phyſique, n'ont iamais bien connu l'eſſence de cette grace.

Il eſt vray que Ianſenius parle des Thomiſtes auec vn peu plus de reſpect, lors qu'il dit que leur opinion eſt preferable à celle qui n'eſtablit que des graces congruës: Il loüe encore leur premotion Phyſique, en ce qu'elle ne peut eſtre ſans auoir ſon effet, comme la grace efficace ne manque iamais de produire le ſien ; & en cela il dit qu'ils ont entreueu & qu'ils ont ſuiuy la veritable opinion de ſaint Auguſtin : Mais l'Eloge qu'il leur donne, n'empeſche pas qu'il ne les condamne pour la grace ſuffiſante qu'ils reçoiuent ; & qu'il ne remarque meſme en ce qui eſt de la grace efficace pluſieurs differences conſiderables entre leur opinion & entre la ſienne, qu'il croit eſtre celle de ſaint Auguſtin. Les principales differences ſont celles-cy.

Premierement, la premotion Phyſique n'eſt autre choſe qu'vn mouuement d'impulſion que la cauſe premiere imprime à la cauſe ſeconde pour la determiner à ſon action, en la meſme maniere qu'vn ouurier imprime à l'inſtrument dont il ſe ſert vn certain mouuement qui luy donne la vertu pour agir ; au contraire, la grace efficace de IESVS-CHRIST eſt le propre mouuement de noſtre volonté, attirée doucement à l'amour de ſon objet par le plaiſir qu'elle y reſſent ; & par conſequent, ce ne peut pas eſtre vne impreſſion qui luy vienne du dehors.

Secondement, la premotion Phyſique des Thomiſtes produit en tout temps ſon plein effet ; parce qu'elle ſe rend toûjours victorieuſe de la reſiſtance qui eſt dans le cœur de l'homme, & qui empeſche ſon action : Au contraire, ſelon les principes de Ianſenius quoyque la grace de IESVS-CHRIST ſoit toûjours efficace, parce qu'elle n'eſt iamais

dam imperauit. *Ianſ. lib. de Ratione & Auctor. c. 30. pag. 65. 66. 68. 69.*

d Vtrique ſtudio pietatis ducti Dei partes agere ſibi videntur, ſed illi imprudentes medicinã Saluatoris euacuant, hi decolorant gratiam Creatoris. Inter vtroſque ſanctus Auguſtinus ita incedit medius, vt agnita ſtantis arbitrij dignitate, vires integræ libertatis longè altiùs quam recentiorum chorus extollat ; & penetrata ruinæ ipſius profunditate, vires lapſæ voluntatis longè acerbiùs concuſſas, quàm vulgus putet, fractaſque fateatur. *Ianſ. lib. 2. de gratia Chriſti Saluat. cap. 3. p. 93.*

priuée de l'effet pour lequel Dieu la donne ; elle n'est pas neantmoins toûjours victorieuse de toute la concupiscence qui est en nous, parce qu'il arriue quelquesfois que Dieu ne nous la donne pas pour surmonter entierement toute cette concupiscence, & pour nous faire agir, mais seulement pour exciter en nous quelques bons desirs.

En troisiéme lieu, selon l'opinion des Thomistes la premotion Physique est necessaire pour deux raisons ; premierement, pour expliquer la subordination des causes secondes à la premiere ; secondement, pour determiner l'indifference des causes libres, lesquelles ne peuuent pas agir par elles-mesmes, si vne autre ne les determine : De sorte que toutes nos volontez estans subordonnées à vne cause Superieure, qui est Dieu, & ne pouuans à cause de leur indifference se determiner à produire cét effet, ou vn autre ; il est necessaire selon l'opinion des Thomistes qu'elles reçoiuent de Dieu le mouuement & la determination : Pour ces raisons les Thomistes concluënt que la premotion Physique a esté necessaire en tout temps, aussi bien dans l'estat d'innocence, que dans celuy de la nature corrompuë : Au contraire, selon Iansenius la grace efficace n'est necessaire à l'homme qu'à raison de sa cheute, parce qu'il n'auroit iamais eu besoin de cette grace victorieuse pour le determiner au bien, s'il n'eust perdu cét empire que Dieu luy auoit donné dans l'estat d'innocence sur toutes ses passions.

Ce sont les principales differences que Iansenius remarque entre l'opinion des Thomistes & la sienne : Il les „ explique toutes : Et il dit en suite que l'on ne peut expli„ quer la grace efficace comme les Thomistes l'ont expli„ quée, sans détourner le sens de l'Escriture-Sainte, sans „ s'opposer à la doctrine des Conciles, sans ruiner les „ principes que saint Augustin a establis, sans confondre „ l'estat du premier homme auec celuy de la nature cor„ rompuë ; c'est à dire, sans renuerser toute la Theologie : D'où il conclud que les Thomistes meriteroient plûtost d'estre appellez les disciples d'Aristote que de saint Augustin.

Quapropter qui medicinalem Christi Saluatoris gratiã sic defendere conantur, vt eam in talem prædeterminationẽ Physicam transforment, omni statui hominum lapsorum & innocentium ex vi causæ primæ &, indifferentiæ voluntatis necessariam, magis profectò Aristotelici quàm Augustiniani sunt. Nã talis prædeterminatio sic asserta, non solùm nullo testimonio eius probari potest, sed potiùs vniuersam doctrinã eius innumeris locis traditam inexplicabili confusione perturbat. Tollit enim indifferentiam integræ læsæque voluntatis : Tollit necessitatem duplicis adiutorij, quo, & sine quo non, cum quorũ altero Adamus velle stareque potuit, & Angeli reipsa voluerunt, steteruntq ; lapsi homines velle ; aut stare nõ possunt. Tollit obscuratque veram radicem necessitatis gratiæ medicinalis, nec finit intelligere veram naturam eius,

Ie demande donc aux Ianſeniſtes comment ils peuuent dire que leur opinion eſt celle des Thomiſtes? Cette contradiction n'eſt-elle pas euidente? Ianſenius a condamné & mépriſé dans tous ſes Liures la doctrine des Thomiſtes: Et les Ianſeniſtes diſent preſentement qu'ils ont toûjours ſuiuy cette doctrine: Aſſurément ils cherchent leur aſyle dans vne Eſchole qu'ils ont trop mal traittée: L'on a bien veu des mal-heureux embraſſer les colomnes des Temples qu'ils auoient profanez: Mais enfin ils entroient dans ces Temples, & demandoient leur grace en preſence des Autels qu'ils auoient dépoüillez: Si les Ianſeniſtes faiſoient le meſme, on leur pardonneroit: Ie veux dire, s'ils retractoient ſincerement leur mauuaiſe doctrine pour ſuiure celle de ſaint Thomas, l'Eſchole des Thomiſtes & auec elle toute l'Egliſe les receuroit auec joye: Mais ils ne peuuent s'humilier; au contraire, ils font gloire de n'auoir iamais changé de ſentiment: Ils s'expliquent bien en des termes differens dans leurs derniers écrits; mais ces écrits, comme diſoit ſaint Hieroſme de quelques autres, ne ſont que des redites, qui n'ont rien de ſolide, & qui font bien connoiſtre qu'ils demeurent toûjours dans les meſmes erreurs.

dum æqualiter ſtatuit illam prædeterminationem omnibus neceſſariam. Denique cogitur inferre non exiguam vim Scripturis ſacris, quæ ſingularem Dei gratiam actus noſtros bonos operantem prædicent. . . . . totum ergo fundamentum gratiæ medicinalis Chriſti funditus euertitur, & Scripturæ ſubneruantur, dum gratiæ neceſſitas, non ex vulnere voluntatis, ſed ex naturali eius indifferentia, & omnium cauſarum naturali ſubordinatione ſub altiore, ſuſpenditur. *Ianſ. lib. 8. de gratia Chriſti Saluat. cap. 2. pag. 84.*

In eodem luto hæſitant & exceptis verbis tinnulis atq; emendicatis nihil aliud loquuntur. *S. Hier. Epiſt. 79. quæ eſt ad Alipium & Aug.*

CHAPITRE VIII.

Où l'on fait voir que les principes de Ianſenius ſont contraires à ceux de ſaint Thomas.

LA ſeconde raiſon pour laquelle ie dis que la ſignature du Formulaire ne nous oblige point à condamner ny ſaint Thomas ny les Thomiſtes, eſt que les principes de Ianſenius ſont contraires à ceux des Thomiſtes.

La doctrine contenuë dans les Liures de Ianſenius eſt appuyée ſur deux principes. L'vn eſt que toutes les graces que nous aurions receuës dans l'eſtat d'innocence ſi le premier homme y euſt perſeueré, auroient eſté ſuffiſantes ſeulement; c'eſt à dire, que toutes ces graces nous auroient laiſſé vne pleine liberté, & nous auroient mis ſeulement dans le pouuoir de faire le bien, lors que nous aurions voulu : L'autre principe eſt que toutes les graces que nous receuons preſentement dans l'eſtat de la nature corrompuë ſont efficaces par elles-meſmes ; c'eſt à dire, que ces graces ne nous donnent pas ſeulement le pouuoir, mais qu'elles nous font encore agir. Or Ianſenius ſe plaint que les Thomiſtes ont renuerſé ces deux principes.

Quant au premier, les Thomiſtes diſent que la premotion phyſique a eſté neceſſaire en tout eſtat. Ianſenius leur attribuë luy-meſme cette doctrine dans le Liure de la grace du premier homme c. 20. Et il adjoûte en ſuite que cette opinion renuerſe toute la doctrine de ſaint Auguſtin & des Conciles, & qu'elle ruine entierement la diſtinction que l'on doit faire de la grace de l'eſtat d'innocence d'auec la grace de l'eſtat de la nature corrompuë.

Quant au ſecond, les Thomiſtes ont reconnu qu'il y auoit deux graces dans l'eſtat de la nature corrompuë : L'vne ſuffiſante qui nous donne le pouuoir ; l'autre efficace qui reduit en acte ce pouuoir. Ianſenius leur attribuë encore cette doctrine dans le troiſiéme Liure de la grace du Sauueur chapitre premier : Et apres il condamne toutes ces graces ſuffiſantes qui ne nous donnent que le pouuoir, comme des graces monſtrueuſes, inconnuës à tous les SS. Peres, & à ſaint Auguſtin : Les Thomiſtes ne s'accordent donc pas auec Ianſenius dans les principes, comme Ianſenius a luy-meſme reconnu.

Iam verò quid monſtroſius proferri poteſt, quàm quoddam diſtinctum à cæteris adiutorij genus, quod nunquam ab initio lapsùs humani vſque ad iudicij diem, vllum in humana voluntate effectum habuit aut habiturum eſt? *Ianſ. lib. 3. de gratia Chriſti Saluat. cap. 3. pag. 258.*

Les Thomiſtes raiſonnent de cette ſorte : Lors que l'homme agit il a beſoin dans les actions qui luy ſont naturelles de la motion de Dieu, parce qu'il depend toûjours de la cauſe premiere & dans ſes actions & dans ſon eſtre ; mais il n'a pas beſoin d'aucun nouueau pouuoir, parce que la vertu qui eſt dans ſes puiſſances naturelles luy ſuffit : Il n'en eſt pas de meſme dans les actions ſurnaturelles ; car comme ces actions éleuent l'homme au deſſus de luy-meſme, il ne peut les produire s'il ne reçoit de Dieu la grace ſuffiſante qui luy en donne le pouuoir, & la grace efficace qui reduit en acte ce pouuoir : C'eſt le veritable ſentiment des Thomiſtes.

Au

Au contraire, les Ianſeniſtes raiſonnent de cette ſorte: La volonté de l'homme auoit bien plus de force dans l'eſtat d'innocence, qu'elle n'en a dans l'eſtat de la nature corrompuë: Dans le premier eſtat elle auoit vne pleine & parfaite ſanté; dans le ſecond elle eſt languiſſante & malade: Dans le premier elle eſtoit libre; dans le ſecond elle eſt eſclaue: Dans le premier elle eſtoit maiſtreſſe d'elle-meſme pour ſe porter où elle vouloit; dans le ſecond elle eſt ſous l'empire des ſens qui la tyranniſent continuellement. La difference de ces eſtats nous marque, diſent-ils, la difference des graces qui leur ſont propres. La premiere grace, c'eſt à dire, la grace particuliere à l'eſtat d'innocence dependoit du vouloir de l'homme; la ſeconde grace, c'eſt à dire, la grace que nous receuons preſentement dans l'eſtat de la nature corrompuë, donne elle-meſme à l'homme le vouloir: La premiere eſtoit vn ſecours ſans lequel la volonté ne pouuoit operer; la ſeconde eſt vn ſecours par lequel elle opere: La premiere eſtoit ſuffiſante ſeulement, parce qu'auec elle l'homme pouuoit agir quand il vouloit; la ſeconde eſt efficace, parce qu'elle ne manque iamais de produire ſon effet: Ainſi ſelon les Ianſeniſtes, toutes les graces que Dieu donnoit à l'homme dans l'eſtat d'innocence eſtoient des graces ſuffiſantes, parce qu'elles ne luy donnoient que le pouuoir de faire le bien quand il vouloit: Au contraire, toutes les graces que Dieu nous donne preſentement dans l'eſtat de la nature corrompuë ſont efficaces par elles-meſmes, parce qu'elles determinent la volonté de l'homme, & luy font faire toûjours tout ce que Dieu veut. C'eſt la doctrine contenuë dans les Liures de Ianſenius que toute l'Egliſe a condamnée comme heretique, & qui eſt tres-éloignée de celle des Thomiſtes: Car encore que les Thomiſtes & tous les autres Theologiens reconnoiſſent bien la difference que l'on doit faire de l'eſtat d'innocence d'auec celuy de la nature corrompuë; comme auſſi des graces qui ſont propres à l'vn & l'autre eſtat; tous neantmoins ſoûtiennent qu'il y a vne grace ſuffiſante dans l'eſtat de la nature corrompuë, & que cette grace eſt priuée de ſon effet par la faute de l'homme qui ne s'en sert point.

C'est pourquoy si les termes dont se seruent quelquesfois les Thomistes leur sont communs auec Iansenius, le sens ne laisse pas d'en estre tres-different : Les Thomistes disent que toute grace est efficace, parce que la grace ne reçoit point son efficace ny sa vertu de nostre volonté, & parce que la grace actuelle produit toûjours ou dans l'esprit quelque lumiere, ou dans la volonté quelque bon mouuement ; ce sens est Catholique : Iansenius dit que toute grace est efficace, parce que la grace actuelle produit toûjours l'effet pour lequel Dieu la donne ; ce sens est heretique : Les Thomistes disent que l'on resiste à la grace actuelle, parce que l'homme ne se sert pas toûjours de ce simple pouuoir que la grace suffisante luy donne ; ce sens est Catholique : Iansenius dit que l'on resiste à la grace actuelle, parce que l'on ne suit pas tous les bons desirs que Dieu nous donne, quoy qu'il soit toûjours vray que la volonté n'empesche aucune grace de produire l'effet pour lequel Dieu la donne ; cette restriction est heretique: Les Thomistes disent que la grace efficace est necessaire à l'homme pour agir, parce qu'il est necessaire que cette grace efficace reduise en acte le pouuoir que la grace luy donne ; ce sens est Catholique ; Iansenius dit que la grace efficace est necessaire à l'homme pour agir, parce que les autres graces luy seroient inutiles apres sa cheute, & ne luy donneroient aucun veritable pouuoir d'obeïr aux Commandemens de Dieu ; ce sens est heretique, & condamné par les deux derniers Papes : En vn mot, les Thomistes reconnoissent vne veritable grace suffisante qui nous donne le pouuoir de faire la Loy de Dieu, & qui est priuée de cét effet pour lequel Dieu la donne, par la faute de l'homme qui ne s'en sert point ; Iansenius n'a iamais reconnu cette grace suffisante : Mais il dit que la grace qui nous donne le pouuoir de faire la Loy de Dieu est toûjours efficace, & que cette grace peut estre appellée suffisante seulement, parce qu'elle nous rend suffisans pour agir.

Dixit quidem aliquando S. Thomas redemptionem sufficientem, sed hoc multum à gratia sufficiente discrepat. Dixit etiam quòd aliquam habeamus sufficientiam qua bonum velle & credere incipiamus : Sed hoc ad istam controuersiam dirimédam neutiquam sufficit. Nam & gratia Christi ab Augustino prædicata sufficientiam donat, non ab actu tamen disiunctã, sed quem victrici potestate largitur. Per illam enim vere homo sufficit : Tunc enim vtile est posse cùm volumus, & tunc vtile est velle cùm possumus, inquit S. Doct. *Ians. lib. 3. de gratia Christi Saluat. c. 1. p. 251.*

L'on peut donc signer le Formulaire sans condamner

ny saint Thomas ny les Thomistes, puisque Iansenius abandonne luy-mesme les Thomistes; puis qu'il en parle auec mépris; & puis qu'il a reconnu luy-mesme que leurs principes estoient contraires aux siens.

CHAPITRE IX.

La signature du Formulaire n'oblige point à condamner le dogme de la grace efficace.

EN troisiéme lieu, la signature du Formulaire ne nous oblige point à condamner le dogme de la grace efficace: Car l'on ne demande pas si la grace qui est necessaire à l'homme pour agir est efficace par elle-mesme, comme les Thomistes & plusieurs autres Docteurs Catholiques enseignent, quoy qu'ils s'expliquent diuersement: Mais l'on demande si toutes les graces que Dieu nous donne presentement dans l'estat de la nature corrompuë sont efficaces par elles-mesmes, & si nous n'en receuons plus aucune qui soit suffisante seulement; c'est le veritable estat de la question.

Tous les Docteurs Catholiques ont reconnu qu'il y auoit vne grace suffisante; mais ils l'ont expliquée en deux manieres: Les vns ont dit que cette grace deuenoit quelquesfois efficace par le consentement que l'homme luy donnoit: Les autres ont crû que cette grace ne nous faisoit iamais agir toute seule; mais qu'elle nous donnoit seulement le pouuoir d'agir si nous voulions. Iansenius ne reçoit aucune de ces graces suffisantes: Lors qu'il parle de ces premieres graces que la volonté de l'homme rendroit efficaces par son consentement: Il dit qu'elles « estoient naturelles à l'estat d'innocence; mais que « Dieu ne nous les donne plus, parce qu'elles seroient « trop foibles pour reparer la nature corrompuë; & apres « il adjoûte que les Docteurs qui suiuent cette opinion « rendent inutile le nom de IESUS-CHRIST; qu'ils « affoiblissent la vertu de sa Croix; qu'ils ne reconnois- «

„ sent point la profonde playe que le peché a fait dans le „ cœur de l'homme ; & qu'enfin ils renouuellent dans „ l'Eglise l'heresie des Semipelagiens. Lors que le mesme Iansenius parle de ces autres graces suffisantes, qui ne nous font iamais agir toutes seules, mais qui nous donnent „ seulement le pouuoir d'agir si nous voulons : Il dit „ qu'elles sont injurieuses à celuy qui les donne, & per- „ nicieuses à ceux qui les reçoiuent ; que ce ne sont pas „ des graces, mais des monstres de graces qui sont con- „ traires à la bonté de Dieu ; qui augmentent la malice „ de l'homme, & qui seruent beaucoup moins à son salut „ qu'à son eternelle damnation. Ce sont les veritables sentimens de cét Autheur dans les premiers chapitres du troisiéme Liure de la grace du Sauueur.

Iam verò quid monstrosius proferri potest, quàm quoddam distinctum à cæteris adiutorij genus, quod nunquam ab initio lapsûs humani vsque ad iudicij diem, vllum in humana voluntate effectum habuit, aut habiturum est..... itaque illud à recentioribus prolatum gratiæ sufficientis genus, quò adiuuante nullum vnquam opus factum est, aut fiet vnquam, si est verum distinctumq; à gratia efficace membrum, videtur monstrum quoddam singulare gratiæ, solummodo peccatis faciendis maiorique damnationi accersendæ seruiens, ideoque lapsis hominibus citra Dei inuidiam damnandis excogitatum. *Ians. lib. 3. de gratia Christi Saluat. c. 3. p. 259.*

Ainsi selon les principes de Iansenius, toutes les graces que Dieu nous donne dans l'estat de la nature corrompuë sont efficaces, parce qu'elles ne manquent iamais de produire leur effet ; mais elles ne sont pas également victorieuses de la resistance du cœur humain selon le mesme Autheur : Car les vnes excitent seulement, comme il dit, quelques bons desirs dans nostre cœur. Les autres s'en rendent absolument maistresses : Les premieres sont efficaces, parce qu'elles excitent toûjours ces bons desirs, qui est le seul effet pour lequel Dieu les donne : Les autres ne sont pas seulement efficaces, mais elles sont encore victorieuses de toute la concupiscence qui est en l'homme, parce qu'elles enleuent sa volonté, & luy font faire auec plaisir tout ce que Dieu desire d'elle.

Iansenius explique ces deux sortes de graces dans le vingt-septiéme chapitre du second Liure de la grace du „ Sauueur. Il commence ce chapitre en ces termes : L'on „ ne doit pas s'estonner de ce que plusieurs ne suiuent pas „ les lumieres, ny les bons mouuemens que Dieu leur „ donne, ny croire pour ce sujet que la grace n'opere pas „ toûjours en l'homme l'effet pour lequel Dieu luy don- „ ne: Car on veut le bien en deux façons, ou parfaitement, „ ou imparfaitement : Lors qu'on veut le bien parfaite- „ ment, c'est le pouuoir selon saint Augustin : Lors qu'on

Nec verò moueat quemquam quod constet, multos diuinitus mente collustrari, imò verò & in ipsa voluntate motibus diuinæ gratiæ percelli, qui tamen ab eius interna suasione & inclinatione dissentiunt, vt propterea falsum putet gratiam in eo cui datur, semper operari effectum ob quem datur : Considerandum est enim multiplices esse diuinæ gratiæ effectus,

le veut, mais imparfaitement, ce n'est qu'vne simple « velleïté qui a plusieurs degrez : La premiere grace qui « nous fait vouloir parfaitement le bien, est comme vn « torrent impetueux qui se déborde tout d'vn coup sur « toutes les puissances de nostre ame, & qui se rend victo- « rieux de tout ce qui est en elle ; qui rompt tous les liens « qui attachent nostre cœur à la terre, & qui l'emporte « auec soy : La seconde grace qui fait vouloir le bien, mais « imparfaitement, est vn souffle qui flate doucement la « volonté de l'homme par vne foible complaisance « qu'elle trouue dans le bien ; qui ne rauit pas son cœur, « mais qui l'attire ; qui ne l'emporte pas, mais qui le « dérobe en vn moment sans y penser, & qui le laisse dans « de simples desirs : Cette derniere grace ne suffit pas « pour accomplir la volonté de Dieu, pour croire en luy, « pour esperer en luy, pour le prier, & pour l'aimer sur « toutes choses ; elle ne laisse pas d'exciter toûjours ces « bons desirs que l'homme n'auroit iamais si Dieu ne les « produisoit dans son cœur. «

Ce sont les termes de Iansenius, qui nous font bien connoistre la difference de sa doctrine d'auec celle des Thomistes : Car selon les Thomistes la grace suffisante donne à l'homme vn veritable pouuoir de faire la Loy de Dieu, quoy que la grace efficace luy soit encore necessaire pour reduire en acte le pouuoir : De plus cette grace suffisante est quelquesfois priuée de son effet, parce qu'il arriue assez souuent que l'homme luy resiste : Au contraire, selon Iansenius la grace qui excite ces bons desirs n'est iamais suffisante, parce qu'elle ne donne iamais à l'homme aucun veritable pouuoir de faire la Loy de Dieu ; & de plus cette grace est toûjours efficace, parce qu'elle ne manque iamais de produire ces bons desirs pour lesquels Dieu la donne.

C'est l'heresie que Iansenius enseigne dans ce chapitre qu'il finit auec cette objection : L'on dira peut-estre que « tout ce que i'ay dit se doit entendre de la grace effica- « ce, mais que Dieu nous donne d'autres graces qui sont « priuées de leur effet par la faute de l'homme : C'est «

quemadmodum & voluntatis. Est enim *velle* perfectum, quod Augustinus *posse* vocat ; est & imperfectum quod velleitatem appellare solent ; & hoc ipsum diuersos gradus habet donec ad ipsam primam tenuissimamque boni complacentiam veniatur. Hæc ergo primus est cœlestis istius roris effectus, quem vt minimum in omnibus operatur, quibus eum infundit Deus. Nam quemadmodum inundatio diuinæ gratiæ, totam hominis voluntatem secum instar impetuosi cuiusdam torrentis rapit, sic vt omnia humani cordis retinacula, quibus terrenis rebus irretitur, velut violentâ quadam tempestate dirumpat; ita lenis ille velut auræ tenuis afflatus, complacentiam quandam voluntatis tenuissimã rei tam pulchræ, quę simul obiicitur contemplanda, contemperatam suauiter impertat, & celerrimè quasi furtim post se rapit. Hæc igitur gratia, quamuis nullo modo sufficiat, vt homo Dei mandatũ operetur, vt Deum super omnia diligat, vt speret, vt oret, vt credat, ad hoc tamen facit aliquid, vt istarum vel alterius cuiusdam cœlestis rei liberas quasdam non voluntates, sed velleitates vel complacentias excitet, quas, nisi diuinitus infundantur, obtinere humana potestate nemo potest. *Iansf. lib. 2. de gratia Christi Saluat. c. 27. pag. 210.*

Respondebit fortassis aliquis, magis

„ l'objection qu'il se propose : Voicy la réponse qu'il y „ fait : Il n'est rien de si vray que tout ce que i'ay dit se „ doit entendre de la grace efficace par elle-mesme ; mais „ l'on ne doit pas s'en estonner, parce que saint Augustin „ n'a iamais reconnu & n'a pû reconnoistre d'autre „ grace actuelle dans l'estat de la nature corrompuë, sans „ renuerser tous ses principes. Ce sont ses propres termes. Il dit le mesme dans le quatriéme Liure de la grace du Sauueur chapitre dixiéme, & dans vn grand nombre d'autres lieux.

In Scholasticorum scriptis quàm Augustini reuoluendis exercitatus, , hæc omnia quæ produximus, eum tantùm de gratia efficaci tradidisse, nihil verò impedire, quin nonnullæ gratiæ per hominis voluntatem effectu careant. Respondeo nihil veriùs dici posse, quàm quòd omnia quæ hactenus protulimus, de gratia efficaci Augustinus dixerit atque intellexerit. Cuius rei causa est, quòd nullã agnouit aliam Christi gratiam nec agnoscere potuerit, nisi regulas omnes fundamentales quibus languidæ naturã gratiæ medicinalis tradidit & explicuit, vellet interimere. *Iansf. lib. 2. de gratia Christi Saluat. c. 27. pag. 211*

Mais les disciples de Iansenius ne disent-ils point assez, lorsqu'ils promettent de condamner la grace necessitante? Ie répons que ce sont des termes équiuoques : Car la necessité se peut entendre en plusieurs façons : Elle se prend quelquesfois pour vne simple necessité qui determine la volonté au bien, quoy qu'elle ne l'empesche pas de s'y porter auec plaisir : Cette premiere necessité comprend celle de Dieu qui ne peut faire aucune action mauuaise: Celle de IESVS-CHRIST qui ne pouuoit tomber dans le peché : Et celle des Bien-heureux qui ne peuuent plus se separer de l'amour de leur Createur. En second lieu, la necessité se prend pour vne necessité naturelle qui se rencontre dans les brutes, & dans les mouuemens qui preuiennent le iugement de l'homme: Cette seconde necessité comprend celle des animaux qui ne peuuent agir que par instinct : Celle des enfans qui ne peuuent faire aucune reflexion sur leurs actions : Et celle que souffrent tous les hommes dans les premiers mouuemens qui preuiennent la raison. Enfin la necessité se prend pour vne necessité de violence & de contrainte : Et cette necessité comprend celle qui vient d'vne cause estrangere qui fait agir l'homme par force, & lors qu'il ne veut pas. Iansenius reconnoist bien que la grace efficace ne contraint point la volonté de l'homme, & qu'elle le laisse agir auec reflexion: C'est pourquoy ses disciples accordent tres-volontiers que les actions naturelles & animalles, & les premiers mouuemens qui preuiennent la raison, ne peuuent estre ny libres ny meritoires : Mais Iansenius croit que la grace efficace ne ruineroit point la liberté de l'homme, quand mesme elle ne le laisseroit pas dans le pouuoir d'y resister, parce qu'elle le laisseroit toûjours agir selon son inclinatiõ: C'est pourquoy il soûtient dans ses Liures qu'il a fait pour accorder le libre arbitre auec la grace, que les actions humaines qui se font necessairement peuuent estre libres & meritoires, pourueu qu'elles ne se fassent point auec violence, mais auec plaisir. L'on doit donc demander à ceux qui promettent de condamner la grace necessitante, s'ils croyent presentement que la grace efficace exempte l'homme de toute necessité.

Mais quand ils l'auroient auoüé, ce n'est pas tout ce que l'Eglise desire d'eux : Car ce n'est pas assez de croire que la grace efficace ne necessite point la volonté de l'homme, si on ne reconnoist vne grace suffisante à laquelle on resiste : Croire que toute grace est efficace, & croire encore que cette grace efficace necessite, c'est estre Lutherien & Caluiniste : Mais croire que toute grace est efficace, quoy que l'on croye que cette grace ne necessite point, c'est assez pour estre Iansenifte : C'est pourquoy lors que le Pape Innocent X. & son successeur N. S. P. Alexandre VII. ont condamné cette seconde proposition, *L'on ne resiste point à la grace interieure;* Ces deux Papes n'ont pas condamné seulement la grace necessitante : Mais ils ont encore declaré qu'il y a vne grace suffisante à laquelle on resiste, c'est à dire, qu'il y a vne grace qui nous donne vn veritable pouuoir de faire la volonté de Dieu, & qui est priuée de son effet par la faute de l'homme qui ne s'en sert point.

C'est la foy de l'Eglise : C'est le sentiment de tous les Catholiques: C'est la question que les deux derniers Papes ont decidée : C'est la definition à laquelle les Iansenistes sont obligez à se soûmettre, au lieu de disputer.

CHAPITRE X.

Les cinq Propositions condamnées par les deux derniers Papes se trouuent dans le Liure de Iansenius & dans les écrits des Iansenistes.

Explication de la premiere Proposition.

LEs Iansenistes disent que l'on ne peut pas les condamner comme des Heretiques, parce qu'il ne s'agit plus que d'vn Fait. Ie répons que l'on verra facilement par l'explication particuliere des cinq Propositions, que ce n'est pas d'vn Fait, mais que c'est de la Foy dont il s'agit.

Iansenius soûtient dans la premiere Proposition ; que quelques Commandemens de Dieu sont impossibles aux Fideles & aux Iustes ; mesme à ceux qui veulent les accomplir autant qu'ils peuuent selon les forces presentes qu'ils ont, parce que la grace qui leur est necessaire pour ce sujet leur manque. C'est la doctrine que cét Autheur enseigne dans le troisiéme Liure de la grace du Sauueur chap. 13. page 334. Voicy ses termes : *Hæc omnia plenissimè* „ *planissimèque demonstrant nihil esse in sancti Augustini do-* „ *ctrina certius ac fundatius quàm esse præcepta quædam quæ* „ *hominibus non tantùm infidelibus, excæcatis, obduratis, sed* „ *Fidelibus quoque & Iustis, volentibus, conantibus, secundùm* „ *presentes quas habent vires, sunt impossibilia ; deesse quoque* „ *gratiam, qua fiant possibilia : Hoc enim S. Petri exemplo* „ *aliisque multis quotidie manifestum est, qui tentantur vltra* „ *quam possint sustinere.* C'est à dire : Tous ces passages „ font voir clairement qu'il n'est rien de plus certain ny „ de mieux estably dans la doctrine de saint Augustin, „ que tout ce que i'ay dit : Sçauoir, qu'il y a de certains „ Commandemens qui sont impossibles, non seulement „ aux infideles, aux aueuglés, aux endurcis ; mais encore „ aux Fideles & aux Iustes, qui veulent, & qui font ce „ qu'ils peuuent selon les forces presentes qu'ils ont pour

accomplir

accomplir ses Commandemens: Il est aussi certain qu'ils " n'ont pas la grace qui leur rend ces Commandemens " possibles, comme il est aisé de faire voir par l'exemple " de saint Pierre, & de plusieurs autres qui sont tous les " iours tentez au dessus de leurs forces. Ce sont les pro- " pres termes de Iansenius.

Ses disciples ont soûtenu encore cette doctrine : Nous auons deux manuscrits qui ont esté trouuez auec le Liure de Iansenius dans la chambre d'vn de leurs domestiques, nommé Duual, qui demeuroit dans le Monastere de Port-Royal des champs, & qui en fut chassé deuant qu'il pût enleuer ces écrits, dont l'écriture & le style font assez connoistre les Autheurs. Le premier est composé de dix Traittez ou de dix Liures, & a pour titre : Les principaux points de la doctrine de saint Augustin touchant les operations de la Grace. Le second est intitulé : Discours de la grace suffisante, selon la doctrine de saint Augustin, diuisé en vingt-vn chapitres : Voicy ce que dit le premier manuscrit dans le Liure troisiéme de la grace suffisante chapitre 13. page 105. C'est à Dieu à commander, & à don- " ner la grace quand il luy plaist: Quelquesfois il la donne " à ceux qui la demandent, pour les auancer à la perfe- " ction : Quelquesfois il la refuse, pour les instruire, ou " eux, ou les autres ; & il est toûjours tres-équitable dans " ce refus. De là nous inferons premierement, que Dieu " commande certaines choses en vn temps, auquel il est " impossible d'obeïr, selon l'estat où nous sommes : Com- " me il arriua au peuple Iuif, & comme le témoignent les " prieres continuelles que nous faisons à Dieu, pour ob- " tenir ce que nous ne pouuons pas faire. Nous inferons " secondement, que cette grace que nous demandons " n'est pas toûjours presente, autrement il seroit inutile " de prier incessamment. Troisiémement, cette impuis- " sance se rencontre mesme dans les Fideles & dans les " Iustes, qui seuls sont capables de demander, puis qu'il " n'y a qu'eux qui connoissent celuy qui peut les aider. " En quatriéme lieu, cette impuissance n'est pas seule- " ment dans les Fideles, quand ils ne veulent pas obseruer "

„ les preceptes, mais mesme quand ils le veulent. Ainsi „ Dieu permet que plusieurs soient tentez, & qu'ils suc- „ combent à la tentation, quelque soin qu'ils y apportent. Il repete le mesme en propres termes dans l'autre manuscrit.

L'on ne peut douter que ces paroles de Iansenius, & des deux manuscrits que ie viens de citer ne contiennent l'heresie condamnée par le Pape Innocent X. & par N. S. P. Alexandre VII. Voicy les termes de leurs Constitu- „ tions. Comme ainsi soit, qu'à l'occasion de l'Impression „ d'vn Liure qui porte pour titre : *Augustinus Cornelij Ian-* „ *senij Episcopi Iprensis*, Entre autres opinions de cét Au- „ theur, ait esté meüe contestation, principalement en „ France: Sur cinq d'icelles plusieurs Euesques du mesme „ Royaume ont fait instance auprés de nous, à ce qu'il nous „ plût examiner ces mesmes Propositions à nous presentées, „ & prononcer vn iugement certain & euident sur chacune „ en particulier. Nous auons fait examiner ces cinq Pro- „ positions l'vne apres l'autre par plusieurs Docteurs en „ la sacrée Theologie, en presence de quelques Cardinaux „ de la sainte Eglise Romaine souuentesfois assemblez spe- „ cialement pour ce sujet : Nous auons consideré à loisir & „ auec maturité leurs suffrages rapportez, tant de viue voix „ que par écrit ; & auons oüy ces mesmes Docteurs discou- „ rans fort au long sur ces mesmes Propositions & sur cha- „ cune d'icelles en particulier, & en differentes Congre- „ gations tenuës en nostre presence. Or comme nous auions „ au commencement de cette discussion ordonné des prieres „ tant en particulier qu'en public, pour exhorter les Fideles „ à implorer le secours de Dieu ; nous les auons encore en „ suite fait reïterer auec plus de ferueur ; & nous mesmes „ apres auoir imploré la faueur de cét Esprit diuin, nous „ auons fait la declaration & definition suiuante. La pre- „ miere des Propositions susdites : Quelques Commande- „ mens de Dieu sont impossibles aux hommes Iustes, lors „ mesme qu'ils veulent & s'efforcent de les accomplir selon „ les forces qu'ils ont presentes, & la grace leur manque par „ laquelle ils soient rendus possibles : Nous la declarons

temeraire, impie, blaſphematoire, condamnée d'Ana-"
theme & heretique, & comme telle nous la condam-"
nons. Ce ſont les termes de la Bulle.

Les Ianſeniſtes ne ſe ſont iamais ſoûmis ſincerement à cette condamnation : Mais ils ſe ſont ſeruis de pluſieurs artifices pour l'éluder. Voicy comment : Ianſenius enſeigne dans le quinziéme chapitre du troiſiéme Liure de la grace du Sauueur, que les Commandemens de Dieu ſont poſſibles à tous les hommes, quoy qu'ils n'ayent pas le ſecours de la grace actuelle en trois façons. Premierement, il dit que les Commandemens de Dieu leur ſont poſſibles, parce que la volonté de tous les hommes qui eſt ſujette au changement, ſe porte auec indifference & au bien & au mal durant le cours de cette vie mortelle, pendãt laquelle les infideles & les plus grands pecheurs peuuent iuſques à la mort ſe conuertir, pourueu que Dieu leur faſſe cette grace. Secondement, il dit que les Commandemens de Dieu ſont poſſibles aux Fideles; car encore que la Foy ne nous donne pas tout le pouuoir pour éuiter le peché, cette foy neantmoins eſt comme le principe & comme la ſemence de la priere auec laquelle ils obtiennent ſouuent le ſecours de la grace actuelle qui leur manque : Enfin il dit que ces Commandemens de Dieu ſont poſſibles aux Iuſtes, parce que la charité habituelle qui leur fait aimer Dieu les fortifie pour reſiſter aux tentations de l'ennemy & pour pratiquer les bonnes œuures. En ces trois façons Ianſenius auoüe que les Commandemens de Dieu ſont poſſibles à tous les hommes : Car s'ils ſont infideles, ils ont la volonté pour croire : S'ils ſont Fideles, ils ont la foy pour demander la grace : S'ils ſont Iuſtes, ils ont la charité qui leur fait aimer la Loy de Dieu. Mais toutes ces poſſibilitez ſont éloignées, comme Ianſenius le dit luy-meſme dans ce chapitre : Car comme il dit, la grace actuelle eſt tellement neceſſaire, que ſans elle le libre arbitre, la foy, & la charité meſme habituelle ne donnent aux hommes aucun pouuoir ſuffiſant pour accomplir la Loy de Dieu : C'eſt pourquoy il eſt toûjours veritable de dire que les Commandemens de Dieu ſont impoſſibles à ceux qui n'ont pas cette grace actuelle : Or cette grace, selon Ianſenius, manque quelquesfois aux Iuſtes dans le temps meſme qu'ils veulent accomplir la Loy de Dieu: Donc ſelon cét Autheur les Commandemens de Dieu ſont quelquesfois impoſſibles aux Iuſtes dans le temps meſme qu'ils veulent les accomplir.

Ie dis donc que les Ianſeniſtes agiſſent de tres-mauuaiſe foy dans les Propoſitions qu'ils ont tirées du chapitre quinziéme du troiſiéme Liure de la grace du Sauueur; & qu'ils ont propoſées aux Religieuſes de Port-Royal, comme contraires à la premiere Propoſition condamnée par le Pape : Car ces Propoſitions, comme nous venons de remarquer, prouuent ſeulement que les Commandemens de Dieu ſont poſſibles aux hommes, ou parce qu'ils ont la volonté pour croire, ou parce qu'ils ont la foy pour demander la grace, ou parce qu'ils ont la charité habituelle qui les fortifie pour accomplir la Loy de Dieu: Mais ces Propoſitions ne prouuent pas que tous les Iuſtes qui veulent accomplir la Loy de Dieu, ont en ce temps-là vne grace actuelle qui leur eſt ſuffiſante pour l'accomplir; qui eſt neantmoins ce que tous les Catholiques croyent, & ce que les deux derniers Papes ont decidé.

La mauuaiſe foy des Ianſeniſtes paroiſt encore dans la maniere dont ils expliquent le pouuoir prochain & éloigné dont ils parlent ſi ſouuent : Voicy ce qu'ils en ont écrit dans la réponſe à la demonſtration du fait conteſté de Ianſenius reduit en abregé chapitre troiſiéme : Ils diſent que l'on ne peut rien conclure de tout ce que Ianſenius a dit ſur la premiere Propoſition, ſinon que quelques Commandemens de Dieu ne ſont pas poſſibles à tous les Iuſtes, de cette poſſibilité à laquelle il ne manque rien de la part de Dieu, & qui comprenne tout ce qui eſt neceſſaire pour agir effectiuement : Ils diſent en ſuite que cette doctrine de Ianſenius eſt ſuiuie de toute l'Eſchole de ſaint Thomas.

C'eſt vne erreur manifeſte, & qui eſt vne preuue de leur mauuaiſe foy. Car il eſt conſtant que les Thomiſtes, qu'ils citent eux-meſmes ſur ce ſujet, enſeignent le contraire de ce que dit Ianſenius : Ils en ont cité deux, Aluarez

& Nauarete : Or il eſt certain que ces deux Thomiſtes ont enſeigné que tous les Iuſtes ont vne grace ſuffiſante qui leur donne vn veritable pouuoir de faire la Loy de Dieu ; quoy que la grace efficace leur ſoit encore neceſſaire pour reduire en acte ce pouuoir : Il eſt encore tres-certain que ces deux Thomiſtes ont ſoûtenu que tous ceux qui ne reſiſtent point à la grace ſuffiſante qui donne aux Iuſtes vn veritable pouuoir de faire la Loy de Dieu, reçoiuent la grace efficace qui leur eſt neceſſaire pour reduire en acte ce pouuoir.

Nauarete le dit expreſſément dans le Tome ſecond diſpute dix-neufiéme de la grace ſuffiſante page 293. Voicy ſes termes : *Auxilium ſufficiens dicitur illud , quo Deus præbet homini ſufficientiam vt actualiter operetur ; ita quòd niſi per ipſum hominem ſteterit, Deus conferet auxilium efficax , vt ſequatur actualis operatio :* C'eſt à dire , la grace ſuffiſante eſt celle qui donne à l'homme vn pouuoir ſuffiſant pour agir , & tel qu'il ne tient plus qu'à l'homme d'auoir la grace efficace qui luy eſt neceſſaire pour agir effectiuement. Et peu apres : *Tam auxilium vnum quàm alterum reſpicit talem operationem : Sed vnum quodque ſecundùm ſuum modum ; ſcilicet ſufficiens tribuendo potentiæ coaptationem ad ipſam operationem producendam taliter vt per illum cui tribuitur tale auxilium ſtet non operari ; & efficax tribuendo vltimam actualitatem , & vltimum complementum vt ſequatur operatio ...... Dicitur auxilium illud ſufficiens ; quia ſufficit vt habens illud ſic coaptetur operationi & ſic incipiat excitari ad eam , vt eidem habenti imputetur quòd operatio non ſequatur , & ita recipiens illud auxilium habet in ſe ſufficiens principium vt dentur ei omnia neceſſaria ad operationem niſi culpâ ſuâ impediantur :* C'eſt à dire , la grace ſuffiſante & la grace efficace ſe rapportent toutes deux à l'action ; mais en deux manieres differentes : La grace ſuffiſante rend la puiſſance proportionnée tellement à l'action , qu'il ne tient qu'à elle d'agir ; & la grace efficace luy donne ſa derniere perfection pour agir effectiuement .... Or c'eſt la faute de celuy qui a la grace ſuffiſante s'il n'agit

„ point, parce qu'il receuroit toutes les autres graces qui „ luy sont necessaires pour agir, s'il n'y mettoit empes- „ chement. Et en suite : *Efficacia diuini auxilij superuenit* „ *auxilio sufficienti ex mera liberalitate Dei, ita tamen vt* „ *si non detur illa resistentia sic explicata infallibiliter sequa-* „ *tur hoc auxilium efficax : Et loquimur de auxilio sufficiente* „ *quod datur homini eo tempore quo tenetur exercere illud opus* „ *ad quod datur:* C'est à dire, quoy que la grace efficace „ nous soit donnée apres la grace suffisante par vne pure „ liberalité de Dieu, il est vray neantmoins que tous ceux „ qui ne resistent point à la grace suffisante reçoiuent in- „ failliblement la grace efficace : Nous appellons la grace „ suffisante celle que Dieu donne à l'homme dans le „ temps qu'il est obligé à faire quelque action pour la- „ quelle il luy donne. Et plus bas 55 2. page 301. *Proxima* „ *dispositio à nobis posita sic debet intelligi quòd ita piè cre-* „ *dendum est Deum esse paratum conferre auxilium efficax ei* „ *qui habet sufficiens, vt solùm culpâ eiusdem habentis tale* „ *auxilium non detur, si de facto non datur :* C'est à dire, „ tout ce que nous auons dit se doit entendre par rapport „ à la bonté de Dieu, qui est toûjours prest de donner la „ grace efficace à celuy à qui il a donné la grace suffisante: „ C'est pourquoy celuy qui a receu la grace suffisante n'est „ iamais priué de la grace efficace que par sa faute.

Aluarez dit le mesme dans le huitiéme Liure De auxiliis disput. 76. Num. 5. pag. 325. *Gratia excitans, vt comple-* „ *ctitur non solùm illuminationem externam & internam in-* „ *tellectûs, sed etiam motionem supernaturalem receptam in* „ *voluntate, idem est realiter quod gratia sufficiens : Ità vt* „ *omnis gratia prædicto modo excitans, sit gratia sufficiens,* „ *comparatione effectûs ad quem excitat : Vt si excitet ad* „ *credendum, erit gratia sufficiens comparatione actûs fidei;* „ *& si excitet ad diligendum Deum super omnia, erit gratia* „ *sufficiens respectu actûs dilectionis Dei . . . . Probatur.* „ *Qui prædicto modo excitatur à Deo ad credendum, tempore* „ *quo currit præceptum fidei, peccat, si non credat: Ergo talis ex-* „ *citatio erat sufficiens ad credendum. Probatur consequentia:* „ *Quia, si ille non haberet sufficiens auxilium ad credendum,* *non peccaret contra fidem, non credendo, sed esset dumtaxat infidelis negatiuè*: C'est à dire, La grace excitante qui comprend non seulement les lumieres exterieures & interieures qui éclairent l'esprit, mais encore les mouuemens surnaturels qui touchent la volonté, est la mesme que la grace suffisante; parce que cette grace est suffisante par rapport à l'effet auquel elle nous excite: Par exemple, si elle nous excite à croire, cette grace sera suffisante pour produire vn acte de foy: Si elle nous excite à aimer Dieu, cette grace sera suffisante pour nous faire produire vn acte de l'amour de Dieu. Ce que l'on prouue; parce que celuy que Dieu excite pour croire dans le temps qu'il y est obligé, peche s'il ne croit point: Donc il a vne grace suffisante pour croire, autrement il ne pecheroit point contre la foy. Et dans le second Liure dispute CXII. Num. 5. pag. 454. Lors qu'il parle non seulement de tous les Iustes, mais encore de tous les hommes en general: *Deus omnibus tribuit pro loco & tempore auxilium supernaturale intrinsecum, & sufficiens ad implenda præcepta naturalia, quæ supposito peccato impleri non possunt ex solis viribus naturæ. Verbi gratiâ, puero, quando peruenit ad vsum rationis, tribuit auxilium sufficiens, quo possit conuerti ad bonum proportionatum suæ naturæ, & proponat viuere secundùm rationem; & intelligitur conclusio, de facto omnes recipere huiusmodi auxilium sufficiens, saltem pro loco & tempore quo obligat huiusmodi præceptum: Hanc conclusionem probant efficaciter quartum & quintum argumentum*: C'est à dire, Dieu donne à tous les hommes en temps & lieu vne grace surnaturelle interieure & suffisante pour accomplir les Commandemens naturels que nous ne pouuons plus accomplir, apres la cheute dans le peché, par les seules forces de la nature: Par exemple, lors qu'vn enfant a l'vsage de la raison, Dieu luy donne vne grace suffisante pour se porter au bien qui est proportionné à sa nature: Ce que l'on doit entendre de tous les hommes en general; car tous les hommes reçoiuent cette grace suffisante en temps & lieu, lors que le precepte les oblige; comme le quatriéme & le cinquiéme argument prouuent tres-

» efficacement. Ce quatriéme argument dont parle Aluarez
» est celuy-cy : *Qui non adimplet præceptum pœnitentiæ, peccat mortaliter ; & idem est de præcepto charitatis, & de aliis : Ergo habet auxilium sufficiens ad huiusmodi præcepta implenda : Aliàs homines obligarentur ad impossibile, quod est falsum, quia nemo peccat in eo quod vitare non potest, vt docet S. August.* C'est à dire : Celuy qui n'accomplit point le precepte de la penitence, de la charité & des autres vertus lors qu'il y est obligé, peche mortellement : Donc il a vne grace suffisante pour accomplir les preceptes ; autrement Dieu obligeroit les hommes à l'impossible : Ce qui est faux, parce que l'on ne peche point en ce que l'on ne peut point éuiter, comme saint Augustin l'a enseigné: Et plus bas dans le mesme chapitre Num. 7. page 455.
» *Deus non tribuit omnibus, etiam peruenientibus ad vsum rationis, auxilium sufficiens supernaturale, & intrinseum ad producendum immediatè actus supernaturales fidei, & spei. Itaque non omnes recipiunt auxilium physicum & intrinseum sufficiens, vt immediatè possint credere : Sed hoc auxilium multis non datur in pœnam præcedentis peccati saltem originalis.... Dixi in conclusione, ad immediatè credendum. Nam ad credendum mediatè vel immediatè omnes recipiuntt pro loco & tempore auxilium sufficiens, si perueniant ad vsum rationis : Nam vt suprà dicebamus, si puer infidelis perueniens ad vsum rationis faceret quod in se est ex auxilio speciali, se ad Deum conuertendo, & ad bonum rationis naturæ proportionatum ; Deus illuminaret illum de mysteriis fidei, & iustificaretur per gratiam :* C'est à dire, Dieu ne donne pas à tous les hommes qui ont l'vsage de la raison vn secours surnaturel interieur & suffisant pour produire immediatement des actes surnaturels de foy & d'esperance: C'est pourquoy tous ne reçoiuent pas vn secours physique interieur & suffisant pour pouuoir croire immediatement : Mais ce secours est refusé à plusieurs, en punition du peché precedent, au moins originel ..... Ie dis pour croire immediatement ; car tous ceux qui ont l'vsage de la raison reçoiuent en temps & lieu vne grace suffisante, pour croire ou mediatement ou immediatement : C'est

pourquoy

pourquoy si vn enfant infidele qui commence à auoir " l'vsage de la raison faisoit ce qu'il peut auec la grace " particuliere qu'il reçoit pour se conuertir à Dieu, & " pour se porter au bien qui est proportionné à sa nature, " Dieu luy donneroit la connoissance des Mysteres de " nostre Foy, & le iustifieroit par sa grace. C'est ce que " dit Aluarez dans ce chapitre, & ce qu'il prouue par l'authorité de saint Augustin & de saint Thomas.

Ainsi ce que ces deux Thomistes ont dit de la possibilité des Commandemens, est contraire à ce qu'en a dit Iansenius. Iansenius, comme il paroist par la lecture du quinziéme chapitre du troisiéme Liure de la grace du Sauueur, ne reconnoist point d'autre pouuoir éloigné, sinon celuy qui consiste, ou dans la volonté de l'homme, ou dans la foy, ou dans la charité habituelle : Il ne reconnoist point aussi dans le mesme chapitre d'autre pouuoir prochain, sinon celuy qui luy vient de la grace efficace, qui ne luy donne pas seulement le pouuoir, mais qui le fait agir : Au contraire, ces deux Thomistes reconnoissent vne grace suffisante, qui ne consiste ny dans la volonté de l'homme, ny dans la foy, ny dans la charité habituelle, mais dans le secours d'vne grace actuelle qui nous donne vn veritable pouuoir de faire la Loy de Dieu, & qui seroit toûjours suiuy du secours de la grace efficace, si nous n'y mettions point d'empeschement : Ainsi le pouuoir que la grace suffisante nous donne est vn veritable pouuoir, & qui suffit pour accomplir la Loy de Dieu; quoy que le secours de la grace efficace nous soit encore necessaire pour reduire en acte ce pouuoir; & Dieu ne nous refuse ce secours de la grace efficace, que parce que nous resistons à celuy de la grace suffisante qu'il nous donne : C'est la veritable doctrine de ces Thomistes, dont l'explication sincere & fidele nous fait bien voir que les Iansenistes se joüent de tous ceux qui les croyent, & qu'ils les abusent depuis long-temps auec ces termes de pouuoir prochain & éloigné.

CHAPITRE XI.

Explication de la seconde Proposition.

IANSENIVS soûtient dans la seconde Proposition que toutes les graces que Dieu nous donne dans l'estat de la nature corrompuë sont efficaces, c'est à dire, que toutes les graces que nous receuons presentement ne sont iamais priuées de leur effet.

C'est la doctrine que cét Autheur enseigne dans les Liures de la grace du Sauueur, dans le second Liure chapitre vingt-cinquiéme page 202. *Hæc itaque est vera ratio & radix cur nulla omnino medicinalis Christi gratia effectu suo careat* : C'est à dire, c'est la veritable raison pour laquelle nous disons que la grace medicinale de IESVS-CHRIST n'est iamais priuée de son effet. Dans le mesme Liure que nous auons cité chapitre vingt-septiéme page 210. *Nec verò moueat quemquam quòd constet multos diuinitus mente collustrari, imò verò & in ipsa voluntate motibus diuinæ gratiæ percelli, qui tamen ab eius interna suasione & inclinatione dissentiunt, vt propterea falsum putet gratiam in eo cui datur semper operari effectum, obquem datur* : C'est à dire, il est constant que plusieurs sont éclairez & touchez des mouuemens de la grace diuine dans la volonté, lesquels neantmoins ne consentent pas à ces lumieres & à ces mouuemens interieurs; mais nous ne deuons pas croire pour ce sujet que la grace n'opere pas toûjours en l'homme l'effet pour lequel Dieu luy donne. Et plus bas dans le mesme chapitre : *Respondebit fortassè aliquis magis in Scholasticorum scriptis quàm Augustini reuoluendis exercitatus, hæc omnia quæ produximus, eum de gratia tantùm efficaci tradidisse, nihil verò impedire quin aliæ nonnullæ gratiæ per hominis voluntatem effectu careant. Respondeo nihil verius dici posse quàm quòd omnia quæ hactenus protulimus, de gratia efficaci Augustinus dixerit, atque intel-*

lexerit; cuius rei causa est, quòd nullam agnouit aliam actualem «
Christi gratiam, nec agnoscere potuerit, nisi regulas omnes «
fundamentales quibus innixus naturam gratiæ medicinalis «
tradidit, & explicuit, vellet interimere : C'est à dire, L'on «
dira peut-estre que tout ce que i'ay dit se doit entendre de «
la grace efficace; mais que Dieu nous donne d'autres gra- «
ces qui sont priuées de leur effet par la faute de l'homme. «
C'est l'objection qu'il se propose : Voicy en suite la ré- «
ponse qu'il y fait : Il n'est rien de si vray, que tout ce que «
i'ay dit se doit entendre de la grace efficace par elle-mes- «
me; mais on ne doit pas s'en estonner, parce que saint «
Augustin n'a iamais reconnu & n'a pû reconnoistre «
d'autre grace actuelle dans l'estat de la nature corrompuë «
sans renuerser tous ses principes. Dans le troisiéme Liure «
chapitre quatriéme page 263. *Hinc vlteriùs docet nullam* «
Christi gratiam effectu operis ad quod efficiendum voluntati «
datur, vlla voluntatis peruicacia frustrari : Frangit enim «
ante omnia ipsam illam voluntatis peruicaciam, per quam «
effectus eius impediretur : C'est à dire, Saint Augustin en- «
seigne encore que la grace de Iesvs-Christ n'est «
iamais priuée de l'effet pour lequel Dieu la donne par la «
rebellion & par l'opiniatreté de nostre volonté: Car cette «
grace rompt auant toutes choses la dureté de nostre cœur «
qui luy empescheroit de produire son effet. Dans le qua- «
triéme Liure chapitre vingt-huitiéme page 475. *Gratia* «
enim Christi, iuxta dogma à sancto Augustino constanter tra- «
ditum, à nullo duro corde respuitur. Ideo quippe tribuitur, vt «
duritia cordis primitus auferatur. Vnde quæcunque gratia «
defectu voluntatis effectu caret, non est illa Christi gratia de «
qua disputamus, sed sub lege atque doctrina comprehenditur: «
C'est à dire, La grace de Iesvs-Christ n'est iamais «
rejettée par le cœur humain quelque dur qu'il soit, parce «
qu'elle luy est donnée principalement pour luy oster cette «
dureté : C'est pourquoy saint Augustin enseigne que la «
grace qui est priuée de son effet, n'est pas la grace inte- «
rieure de Iesvs-Christ, mais vne grace qui appar- «
tient à la doctrine & à la Loy : Ce sont les termes de Ian- «
senius.

Les Ianseniſtes ont ſoûtenu la meſme Propoſition, & l'ont enſeignée aux Religieuſes de Port-Royal, comme il paroiſt par les deux manuſcrits que i'ay citez : Voicy ce qu'en dit le premier dans le ſecond Liure chapitre vingt-quatriéme page 75. Lors qu'il parle de la grace que Dieu nous donne dans l'eſtat de la nature corrompuë:
„ Delà, dit-il, il eſt aiſé d'inferer que cette grace n'eſt
„ pas comme l'Eſchole penſe, vne grace qui aille recher-
„ cher curieuſement ſi la volonté eſt dans les diſpoſi-
„ tions qu'il faut pour n'eſtre pas rejettée, & qu'elle n'eſt
„ pas non plus vne habitude qui ait beſoin d'vne cauſe
„ mouuante pour auoir ſon effet : Au contraire, c'eſt
„ elle qui commande & qui emporte la volonté auec vne
„ puiſſance *à laquelle on ne reſiſte iamais* : Et pour vous faire
„ voir que ſaint Auguſtin l'a ainſi entendu, il ne faut que
„ voir les marques qu'il donne à cette grace, & que nous
„ pouuons reduire à huit principales : La premiere, eſt
„ en ce qu'il dit qu'elle a vne vertu ſouueraine pour per-
„ ſuader, & pour accomplir ce que Dieu veut que nous
„ faſſions ; c'eſt pour cela qu'il l'appelle quelquefois tou-
„ te-puiſſante : La ſeconde, eſt en ce qu'il dit qu'elle
„ exerce tellement ſon empire ſur la volonté, & l'emporte
„ auec tant de douceur, qu'elle-meſme ne ſent pas qu'elle
„ agit ; en quoy elle eſt ſi heureuſement rauie, qu'elle ne
„ fait iamais rien auec plus de liberté ny de plaiſir : En
„ troiſiéme lieu, en ce qu'il ſe ſert de toutes les façons de
„ parler qui ſont capables de nous faire entendre que
„ c'eſt elle qui determine la volonté ; car il dit qu'elle
„ enleue le cœur, qu'elle le tient, qu'elle le mene, qu'elle
„ en amolit la dureté, qu'elle le rend de chair au lieu qu'il
„ eſtoit de pierre : En quatriéme lieu, en ce qu'il attri-
„ buë tout le bien que nous faiſons à Dieu, diſant que
„ noſtre volonté eſt entre ſes mains comme vn inſtrument
„ animé, duquel il ſe ſert pour operer ce qu'il veut, ſelon
„ ce qu'il diſoit à ſes Apoſtres : Ce n'eſt pas vous qui par-
„ lez, c'eſt le ſaint Eſprit qui parle en vous : En cinquiéme
„ lieu, en ce qu'il l'appelle ſouuent victorieuſe, parce
„ qu'elle briſe tous les obſtacles que les affections du

monde & de la chair peuuent opposer à sa puissance : D'où « vient en sixiéme lieu qu'il dit souuent que l'homme *ne* « *luy peut resister*, parce qu'elle opere dans son cœur ce qu'il « luy plaist, & en est plus le maistre que l'homme mesme. « En septiéme lieu, en ce qu'il ne peut souffrir que les hom- « mes luy mettent cette condition, si nous voulons, comme « si l'Apostre n'auoit pas dit assez clairement que ce n'est « pas à celuy qui veut ny à celuy qui court, mais à Dieu qui « fait misericorde : Et enfin, en ce qu'il dit que cette condi- « tion abolit entierement la grace du Redempteur. De là « nous apprenons qu'elle est la raison fondamentale pour « laquelle *la grace de Iesus-Christ n'est iamais sans auoir son* « *effet* : Car si elle n'est iamais donnée que pour determiner « la volonté au bien, il n'est pas possible qu'elle soit sans le « faire : Et en effet, que veulent dire ces paroles de l'Euan- « gile, dit nostre saint Docteur, Tous ceux qui ont oüy de « mon Pere, & qui ont esté enseignez de luy viennent à « moy ; si ce n'est qu'il n'y a personne de ceux qui ont esté « enseignez qui ne vienne : Dieu inspirant à mesme temps « la verité pour connoistre, & la charité pour operer ; & « l'inspirant si fortement *qu'elle n'est iamais refusée*, puis « qu'elle est donnée afin d'oster la dureté du cœur ; & qu'elle « fait non pas que ceux qui ne veulent pas croire le veüil- « lent, car cela est absurde ; mais bien que ceux qui ne le « vouloient pas, le veüillent enfin, & courent apres ce « qu'ils n'aimoient pas. «

Et ne me dites point que l'experience semble estre « contraire à ce que ie dis, parce que nous en voyons tous « les iours qui sont diuinement éclairez, & mesme touchez « en leur interieur, lesquels neantmoins ne consentent pas : « Car *il ne s'ensuit pas pour cela qu'il y ait des graces qui n'ont* « *pas leur effet* ; tout ce que vous en pouuez conclure, c'est « qu'elles ne sont pas toutes égales : Ce sont leurs termes. «

Ils repetent le mesme dans l'autre manuscrit intitulé, Discours de la grace suffisante : Car l'Autheur dans les trois premiers chapitres de ce Discours apres auoir ex- clu toutes les graces suffisantes de l'estat de la nature corrompuë, commence le quatriéme chapitre en ces ter-

„ mes. Ce qui monstre l'absurdité de cette grace suffisan-
„ te est la façon dont saint Augustin parle dans tous ses
„ ouurages de la vraye grace de IESVS-CHRIST: Car
„ il dit qu'elle n'est point rejettée par le cœur quelque
„ dur qu'il soit, puis qu'elle est donnée pour oster
„ cette dureté; & qu'ainsi lors que Dieu enseigne non
„ pas par la lettre de la Loy, mais par la grace du saint
„ Esprit, il enseigne de telle sorte que chacun ne voit pas
„ simplement par sa connoissance ce qu'il a appris, mais
„ mesme il le desire par sa volonté, & il l'accomplit par
„ son action: Saint Augustin nous fait connoistre par ces
„ paroles & par vne infinité d'autres passages, *qu'aucune*
„ *grace de Iesus-Christ n'est iamais priuée de l'effet pour*
„ *lequel elle est donnée*: C'est pourquoy il luy oppose toû-
„ jours la Loy & la doctrine: Ce sont les termes du second
manuscrit; sur lequel il est à obseruer que le premier
„ chapitre porte pour titre: *On découure la nature du se-*
„ *cours suffisant, & on monstre* qu'il n'y en a aucun apres la
„ cheute de l'homme qui ne *soit efficace*.

L'on ne peut douter que cette heresie ne soit celle que les deux derniers Papes ont condamnée: Car s'il est vray que dans l'estat de la nature corrompuë nous ne receuons plus aucune grace qui ne soit efficace, c'est à dire, qui ne produise son effet, il est veritable de dire que l'on ne resiste plus aux graces interieures; qui est neantmoins ce que les deux derniers Papes ont condamné: Voicy les termes de
„ leurs Constitutions: La seconde Proposition qui est
„ celle-cy: On ne resiste jamais à la grace interieure dans
„ l'estat de la nature corrompuë, Nous la declarons here-
„ tique, & comme telle nous la condamnons.

Les Iansenistes se sont seruis de plusieurs artifices pour eluder la condamnation de cette seconde Proposition aussi bien que celle de la premiere: Voicy les détours qu'ils ont pris. Iansenius dit que toutes les graces sont efficaces; mais il adjoûte qu'elles ne produisent pas toutes le mesme
„ effet: Les graces efficaces, dit cét Autheur, sont de
„ deux sortes: Les vnes sont plus fortes que la concupis-
„ cence qui est en l'homme: Les autres sont plus foibles:

Celles qui sont plus fortes emportent la volonté de « l'homme, parce qu'elles luy donnent le pouuoir, & en « mesme temps le font agir : Celles qui sont plus foibles « excitent seulement quelques bons desirs dans nostre « cœur, mais *elles ne suffisent pas pour croire, pour esperer,* « *pour aimer Dieu, & pour obeïr à ses Commandemens* : Voicy les termes dont Iansenius se sert dans le vingt-septiéme chapitre du second liure de la grace du Sauueur page 210. *Hæc igitur gratia quamuis nullo modo sufficiat vt* « *homo Dei mandatum operetur, vt Deum super omnia diligat, vt speret, vt oret, vt credat, ad hoc tamen facit aliquid, vt istarum vel alterius cuiusdam cœlestis rei liberas quasdam non voluntates, sed velleitates, vel complacentias excitet, quas, nisi diuinitus infundantur, obtinere humana potestate nullo modo potest* : C'est à dire, Quoy que cette « grace ne soit en aucune façon suffisante à l'homme pour « faire les Commandemens de Dieu, pour croire en luy, « pour esperer en luy, pour le prier, & pour l'aimer sur « toutes choses : elle ne laisse pas d'exciter en l'homme « quelques bons desirs, qui sont non pas des volontez, « mais des velleïtez & des foibles complaisances pour le « bien, qu'il n'auroit iamais si Dieu ne luy donnoit. «

Que disent donc les Iansenistes ? Ils disent que l'on resiste quelquesfois aux graces interieures selon Iansenius, parce qu'il y a de certaines graces qui s'arrestent à des desirs qui sont inefficaces, & qui ne produisent pas l'effet auquel elles nous excitent : Cette réponse est pleine d'artifice : Car il est vray qu'il y a de certaines graces interieures qui s'arrestent à des desirs inefficaces que nous ne suiuons point selon Iansenius; mais il n'est pas vray pour ce sujet que l'on resiste aux graces interieures selon le mesme Iansenius, parce qu'elles ne manquent iamais de produire tout l'effet pour lequel Dieu les donne, & qu'elles peuuent produire : Car si ces graces nous sont données pour accomplir la Loy de Dieu, nous ne manquons iamais de l'accomplir; si elles ne nous sont données que pour exciter dans nostre cœur quelques desirs inefficaces pour le bien, nous ne manquons iamais d'auoir ces desirs : C'est pourquoy il eſt toûjours veritable de dire ſelon les principes de Ianſenius que toutes les graces interieures ſont efficaces, & par conſequent que l'on ne reſiſte iamais aux graces interieures dans l'eſtat de la nature corrompuë, qui eſt la ſeconde Propoſition declarée heretique, & condamnée comme telle par les Papes.

Ie dis donc que les Ianſeniſtes agiſſent de tres-mauuaiſe foy dans les Propoſitions qu'ils ont citées comme contraires à cette ſeconde Propoſition : Ils en ont cité deux [a] dans la réponſe à la demonſtration du Fait, reduite en abregé.

La premiere ſe trouue dans le vingt-ſeptiéme chapitre du ſecond liure de la grace du Sauueur page 210. Ils l'ont „ citée de cette ſorte : *Nec verò moueat quemquam quòd* „ *conſtet multos diuinitus mente colluſtrari, imò verò, & in* „ *ipſa voluntate motibus diuinæ gratiæ percelli, qui tamen* „ *ab eius interna ſuaſione & inclinatione diſſentiunt* : Voicy „ en ſuite la traduction qu'ils en ont faite : Il eſt conſtant „ que pluſieurs ſont éclairez dans l'eſprit par vne lumiere „ diuine, & que meſme ils ſont touchez & frappez dans „ la volonté par les mouuemens de la grace de Dieu, leſ- „ quels reſiſtent, & ne ſe rendent pas à cette ſuaſion & à „ ce mouuement interieur de la grace.

Voicy la meſme Propoſition comme elle ſe trouue „ dans le liure Latin : *Nec verò moueat quemquam quòd* „ *conſtet multos diuinitus mente colluſtrari, imò verò & in ipſa* „ *voluntate motibus diuinæ gratiæ percelli; qui tamen ab* „ *eius interna ſuaſione & inclinatione diſſentiunt, vt propterea* „ *falſum putet gratiam in eo cui datur, ſemper operari effe-* „ *ctum ob quem datur* : C'eſt à dire, L'on ne doit pas s'eſton- „ ner de ce que pluſieurs ſont éclairez dans l'eſprit, & „ meſme touchez par les mouuemens de la grace de Dieu „ dans la volonté, leſquels neantmoins ne conſentent pas „ à cette ſuaſion & à ces mouuemens interieurs; & l'on „ ne doit point croire pour ce ſujet que la grace n'opere „ pas toûjours en l'homme l'effet pour lequel Dieu luy „ donne.

L'on voit par cette traduction, qui eſt fidele, l'artifice de

[a] Ils ont cité quelques autres Propoſitions dans vn nouuel écrit, intitulé, Explication de la queſtion du Fait; mais ces derniers Propoſitions ne diſent rien de particulier, & ſe refutent aiſément par les principes que nous auons expliquez dans cét écrit.

de celle qu'ils ont faite : Car ils ont retranché & du " Latin & du François ces dernieres paroles : *Et l'on ne* " *doit pas croire pour ce ſujet que la grace n'opere pas tou-* " *jours en l'homme l'effet pour lequel Dieu luy donne :* Et " neantmoins ces dernieres paroles auec toute la ſuite de ce chapitre font voir clairement la verité de tout ce que i'ay dit : Sçauoir, que ſelon les principes de Ianſenius, toutes les graces interieures que nous receuons dans l'eſtat de la nature corrompuë ſont efficaces, parce qu'elles produiſent toutes l'effet pour lequel Dieu les donne & qu'elles peuuent produire, quoy que cét effet ſoit different.

La ſeconde Propoſition qu'ils ont citée, ſe trouue dans le ſecond chapitre du huitiéme Liure de la grace du Sauueur : Ils en ont changé & les termes & le ſens : Car ils la citent de cette ſorte : *Chriſti adiutorium nullo modo tale* " *eſt vt in quibuſcunque circumſtantiis voluntas collocetur* " *ſemper facias facere, & operetur effectum ſuum, omnemque* " *ſuperet reſiſtentiam.* Voicy en ſuite la traduction qu'ils en ont faite : Le ſecours de IESVS-CHRIST n'eſt point " tel qu'en quelques circonſtances que la volonté ſoit " miſe il faſſe toûjours agir la volonté, qu'il opere toûjours ſon effet, & qu'il ſurmonte touſiours toute la reſiſtance. "

Voicy la meſme Propoſition comme elle eſt dans le Liure : *Tertiò prædeterminatio phyſica talis eſſe dicitur, vt* " *in quibuſcunque circumſtantiis voluntas collocetur ſemper* " *faciat facere & operetur effectum ſuum, omnemque ſuperet* " *reſiſtentiam; Chriſti adiutorium nullo modo : Nam delectatio* " *victrix quæ Auguſtino eſt efficax adiutorium, relatiua eſt;* " *tunc enim eſt victrix quando alteram ſuperat : Quòd ſi con-* " *tingat alteram ardentiorem eſſe, in ſolis inefficacibus deſide-* " *riis hærebit animus, nec efficaciter vnquam volet quod vo-* " *lendum eſt :* C'eſt à dire : En troiſiéme lieu, les Thomiſtes " diſent que la predetermination phyſique eſt telle qu'en " quelques circonſtances que ſoit la volonté elle fait " agir, elle opere ſon effet, elle ſurmonte toute la reſiſtance : Il n'en eſt pas de meſme de la grace de IESVS-" CHRIST; car la delectation victorieuſe qui eſt la grace "

„ efficace, ſelon ſaint Auguſtin, eſt relatiue à la delecta-
„ tion; c'eſt à dire, à la concupiſcence qui eſt en l'homme,
„ & n'emporte ſur elle la victoire que lors qu'elle la ſur-
„ monte: C'eſt pourquoy ſi la delectation qui vient de la
concupiſcence eſt plus ardente, celle de la grace pro-
„ duira ſeulement quelques deſirs inefficaces, & ne fera
„ iamais vouloir efficacement ce que l'on doit vouloir:
Ainſi la mauuaiſe foy des Ianſeniſtes paroiſt dans la citation & dans la traduction de cette Propoſition: Car encore que ſelon les principes de Ianſenius, ces graces qui ne nous donnent qu'vne volonté foible & imparfaite, ne produiſent en nous que des deſirs inefficaces que nous ne ſuiuons point, parce qu'elles ne ſurmontent pas toute la dureté qui eſt dans le cœur de l'homme, ny par conſequent toute la reſiſtance qu'il a au bien; on ne reſiſte pas neantmoins à ces graces ſelon les principes du meſme Autheur, parce qu'elles produiſent touſiours l'effet pour lequel Dieu les donne & qu'elles peuuent produire, qui eſt d'exciter ces bons deſirs: Ces Propoſitions prouuent donc ſeulement que toutes les graces interieures n'ont pas la meſme force, & qu'elles ne produiſent pas le meſme effet en l'homme; mais elles ne prouuent pas que l'on reſiſte à quelques-vnes, qui eſt neantmoins ce que tous les Catholiques croyent, & ce que les deux derniers Papes ont decidé.

Ie ſçais bien ce que les Ianſeniſtes ont coûtume de répondre: Ils diſent que l'on ne peut rien conclure de tous les principes de Ianſenius, ſinon que la grace prochainement neceſſaire à chaque action n'eſt point fruſtrée de l'effet pour lequel Dieu la donne prochainement: Mais ces termes qu'ils adjoûtent ne ſe trouuent point dans les Liures de Ianſenius, ny dans les deux manuſcrits que i'ay citez; où l'on voit qu'ils diſent abſolument que la grace que nous receuons dans l'eſtat de la nature corrompuë n'eſt iamais priuée de l'effet pour lequel Dieu la donne: De plus, i'ay fait voir dans l'explication de la premiere Propoſition que les Ianſeniſtes abuſent de ces termes, & que les deux Thomiſtes qu'ils ont citez ſur ce ſujet, qui sont Aluarez & Nauarete, leur donnent vn sens tres-different de celuy de Iansenius : Car selon ces deux Thomistes deux graces sont necessaires à l'homme pour se porter au bien, comme i'ay déja dit; l'vne luy donne le pouuoir, l'autre reduit en acte ce pouuoir : La premiere est la grace suffisante; la seconde est la grace efficace. Or ce sentiment est tres-different de celuy de Iansenius : Car Iansenius n'a iamais dit que la grace suffisante fust necessaire à l'homme dans l'estat de la nature corrompuë pour luy donner le pouuoir d'agir : Au contraire, il soûtient dans tous les lieux que i'ay citez, que les graces purement suffisantes sont inutiles dans l'estat de la nature corrompuë, & que nous n'en receuons plus aucunes dans cét estat qui ne soient efficaces; c'est à dire, qui ne produisent l'effet pour lequel Dieu les donne : C'est pourquoy selon la doctrine des Thomistes l'on resiste aux graces interieures, parce que l'on resiste aux graces suffisantes qui nous donnent le pouuoir d'agir si nous voulons : Au contraire, selon Iansenius l'on n'y resiste point, parce que ces graces interieures produisent toûjours en l'homme l'effet pour lequel Dieu les donne & qu'elles peuuent produire, quoy que cét effet soit different.

Chapitre XII.

Explication de la troisiéme Proposition.

IANSENIVS definissant la liberté, dit que celuy-là est libre qui est le maistre de son action; c'est à dire, qui agit quand il veut : Au contraire, il dit que celuy-là n'est pas libre qui n'a pas l'action en sa puissance; c'est à dire, qui agit par contrainte & quand il ne veut pas : La conclusion qu'il tire de ce principe, est que la necessité n'est pas toûjours contraire à nostre liberté : Car il y a, dit-il, deux sortes de necessité; l'vne est vne necessité simple, qui n'empesche pas la volonté de vouloir ce qu'elle fait; cette necessité comprend celle de Dieu, dont la volonté est incapable de changement; celle de IESVS-CHRIST, qui n'a pû tomber dans le peché lors qu'il estoit dans cette vie mortelle; & celle des Bien-heureux, qui aimeront eternellement le souuerain bien: L'autre necessité est vne necessité de violence & de contrainte qui nous oste le pouuoir de faire ce que nous voulons; ce qui arriue ou de l'impetuosité de la nature qui preuient le iugement de la raison, ou de la force d'vne cause estrangere qui fait faire à l'homme ce qu'il ne voudroit pas: Cette necessité comprend premierement celle qui se trouue dans les enfans & dans les animaux, qui agissent sans reflechir sur ce qu'ils font, & sans iuger ny de la fin ny des moyens: Secondement, celle qui nous vient des premiers mouuemens de la concupiscence que nous sentons contre l'inclination de nostre volonté: Et en troisiéme lieu, celle que nous souffrons d'vne cause estrangere qui nous fait faire ce que nous ne voulons pas. La necessité simple, c'est à dire, la necessité qui n'empesche pas la volonté de vouloir ce qu'elle fait, ne détruit pas la liberté de l'homme, selon Iansenius: Au contraire, selon les principes de cét Autheur, lors que le plaisir attache la volonté inuiolablement à vn objet qu'elle aime, plus elle est immuable, plus elle est libre; parce qu'alors sa fermeté vient d'elle-mesme; & si elle ne change point, c'est qu'elle ne le veut pas. Il n'y a que la necessité de violence & de contrainte qui ruine la liberté de l'homme, selon le mesme Iansenius, parce que cette necessité tombe sur sa volonté comme vn poids qui l'accable & qui luy fait faire ce qu'elle ne voudroit pas.

C'est la doctrine que cét Autheur enseigne dans le sixiéme, le septiéme, & le huitiéme liure de la grace du Sauueur: Voicy les termes dont il se sert dans le sixiéme liure chapitre sixiéme page 632. *Doctrina igitur Augustini est, necessitatem illam primam, pro vt etiam naturam sic explicatam complectitur (nec aliud est respectu voluntatis quàm quædam vis aut violentia aut coactio, quâ operatur id quod potest etiam nolente voluntate) capitaliter repugnare libertati, eamque funditus perimere; non autem illam ne-*

ceßitatem quæ est simul voluntaria ; qua scilicet simpliciter necesse est aliquid fieri non repugnante sed immutabiliter volente voluntate : Mira videbitur Scholasticis ista doctrina, & tamen in Augustini principiis est indubitata : C'est à dire : La doctrine de saint Augustin est que la necessité de violence & de contrainte sous laquelle l'on comprend la necessité naturelle qui preuient le iugement de la raison, ruine entierement la liberté ; mais non pas la simple necessité qui n'empesche pas la volonté de vouloir ce qu'elle fait, quoy qu'elle agisse necessairement & immuablement : Cette doctrine estonnera peut-estre les Scholastiques, mais elle est indubitable dans les principes de saint Augustin. Et dans le mesme Liure, lors qu'il parle de la liberté de Iesus-Christ chapitre neufiéme page 648. *Nec hîc vllum elucet vestigium quòd Augustinus cogitauerit in eo Christi (vt neque Beatorum) libertatem collocare, quòd possit hoc vel illud bonum eligere, multò minus istud eligere & non eligere : Sed tam in isto libertatis Christi argumento quàm Beatorum ac Dei doctrina eius tota toto impetu tendit eò, vt quò potentiùs & immutabiliùs voluntas iustitiam diligit, & peccata detestatur, eò liberiore feratur Christus vel Beati vel Deus ipse voluntate. Quod nisi secundùm Augustini doctrinam verum esse fateamur, quo pacto Christus libera voluntate præcepta Patris vt præcepta compleuerit, hoc est, secundùm illas omnes circumstantias quæ siue positiua Dei voluntate, siue æternæ sapientiæ immutabili præscripto, actiones omnes faciendas & circumstantias determinante præscribuntur, fateor me videre non posse ; & neque Scholasticos videre potuisse satis interminabilis eorum pugna & lucta testatur. Sub cuius premente mole tota Scholasticorum multitudo fatigata suspirat, & tanto conatu nihil aliud agit quàm quòd principiis suis propriis arctata & ligata sibi difficultatem insolubilem esse confitetur:* C'est à dire : Saint Augustin n'a iamais crû que l'on dût mettre la liberté de Iesus-Christ ny celle des Bienheureux dans l'indifference de choisir ou vn bien ou vn autre, & encore moins dans l'indifference de choisir le bien & de ne le pas choisir : Au contraire, tous les raisonnemens de ce Pere tendent à prouuer que la liberté de

„ Iesvs-Christ, des Bien-heureux, & celle de Dieu „ mesme consiste dans vne forte & immuable volonté qui „ les attache à l'amour de la Iustice, & qui leur fait haïr le „ peché; de sorte que plus leur volonté est immuable dans „ le bien, & plus on peut dire qu'elle est libre : Si l'on ne suit „ cette doctrine, qui est celle de saint Augustin, i'auoüe „ que ie ne puis comprendre comment l'on peut dire que „ Iesvs-Christ ait accomply auec vne volonté libre „ les Commandemens de Dieu son Pere comme Comman- „ demens; c'est à dire, dans toutes les circonstances qui luy „ auoient esté prescriptes, ou par la volonté positiue de „ Dieu, ou par l'ordre immuable de son eternelle Sagesse: „ Ce qui paroist assez par la peine qu'ont tous les Schola- „ stiques à se tirer de cette difficulté qui les accable sous son „ poids & qui les fait gemir depuis plusieurs années, parce „ qu'ils se sont embarassez eux-mesmes dans leurs propres principes. Ce sont les termes de Iansenius.

Ses Disciples ont soûtenu le mesme, & l'ont enseigné aux Religieuses de Port-Royal dans les manuscrits que i'ay citez : Voicy ce qu'ils en disent dans le premier, dans le sixiéme liure, qui est le premier du libre arbitre pag. 176. „ Le libre exclut toute sorte de domination estrangere; de là „ vient qu'estre libre, c'est n'estre pas lié, n'estre pas em- „ pesché, n'auoir rien qui arreste le vouloir : Ainsi disons- „ nous que les mains sont libres, lors qu'il n'y a rien qui en „ empesche le mouuement : Mais parce que ces termes ne „ signifient rien que des negations, & que la liberté semble „ dire quelque chose de plus releué; il la faut definir par ce „ qui est opposé à ces empeschemens; & nous trouuerons „ qu'estre libre, c'est quelque chose de réel & de positif que „ nous pouuons expliquer par ces termes, estre maistre de „ soy-mesme & de ses actions, estre à soy sans dependre „ d'autruy, viure librement & sans contrainte : Et ainsi la „ liberté dira vn certain empire que l'homme a sur ses „ actions pour les produire quand il veut, en sorte qu'il les „ ait toutes en sa puissance: Mais l'on n'est pas d'accord de „ ce qui est signifié par ces termes : Car les Scholastiques „ estiment qu'vne chose est dite estre en nostre puissance, lors que tout ce qui est necessaire pour agir estant presup- « posé nous la pouuons faire, ou ne la pas faire : Mais saint « Augustin est bien éloigné de cette explication; Car au lieu « mesme où il auoit dit qu'estre libre, c'est auoir ce que l'on « fait en sa puissance, incontinent apres il s'explique plus « clairement, & dit qu'auoir quelque chose en sa puissance, « c'est la faire quand on le veut: D'où il s'ensuit euidemment « que la marque asseurée pour connoistre si ce que nous fai- « sons est fait auec liberté, c'est de voir si nous le faisons « quand nous voulons : Ainsi les mouuemens des membres « de nostre corps sont libres quand ils suiuent celuy de la « volonté; & ils ne le sont pas quand ils ne le suiuent point. «

Ce sont leurs propres termes : Et apres ils adjoûtent: Ainsi la fantaisie & l'esprit ne sont pas toûjours en nostre « puissance, parce que souuent nous nous imaginons & « pensons en effet à ce que nous ne voudrions pas : La vo- « lonté mesme n'est pas toûjours libre en ce qu'elle veut, « parce que souuent elle se rencontre dans de certaines « circonstances dans lesquelles elle n'a pas tout ce qui luy « est necessaire pour faire ce qu'elle veut : Les pecheurs sont « touchez quelquesfois du desir d'estre continens, mais par- « ce que Dieu ne leur accorde pas vne forte & vigoureuse « volonté, c'est pour cela qu'ils ne le peuuent pas; & en ce « cas il ne leur est pas libre de se contenir, parce que rien « n'est tel si nous ne le faisons pas quand nous voulons, ou « si nous le faisons quand nous ne le voulons pas. «

Ils disent en suite : De ce discours il est aisé de voir « l'absurdité manifeste où se iettent inconsiderément ceux « qui disent qu'il y peut auoir des actes volontaires qui ne « sont pas libres : Car si estre libre c'est auoir l'action en sa « puissance, comment se peut-il faire que celuy qui veut ne « soit pas libre ? puis qu'il est luy-mesme le maistre de ce « qu'il fait : Il n'est pas possible que lors que nous voulons « nous ne voulions pas: Il n'est donc pas possible que lors que « nous voulons nous ne soyons pas libres: Car en cela mesme « que nous voulons, il faut que la volonté soit : Or elle ne « peut estre si elle n'est libre; parce que puis qu'elle agit, « elle a en sa puissance ce qu'elle fait; autrement elle n'a- «

„ giroit pas ; & iamais elle ne fait ce qui eſt en ſa puiſſance „ qu'elle ne ſoit libre : Ainſi par la regle des contraires nous „ dirons qu'vne choſe n'eſt pas libre, lors qu'elle eſt hors de „ noſtre puiſſance ; & qu'elle eſt hors de noſtre puiſſance „ lors qu'elle eſt faite, lors que nous ne voulons pas, ou „ qu'elle n'eſt pas faite quand nous voulons ; ce qui arriue „ lors que nous ſommes contraints par quelque neceſſité „ qui produit ſon effet malgré toute la reſiſtance que nous „ y apportons ; ſoit qu'elle procede de l'impetuoſité de la „ nature, ſoit de quelque violence eſtrangere : Et vouloir de „ la ſorte, ce n'eſt pas vouloir ; puiſque comme dit noſtre „ ſaint Docteur, celuy qui eſt contraint ne veut pas : *Qui* „ *cogitur non vult*.

„ En quoy, adioûtent-t'ils, il faut bien prendre garde qu'il y „ a deux ſortes de neceſſité ; l'vne eſt ſimple & volontaire, lors „ que la volõté n'y apporte aucune reſiſtance ; l'autre eſt ap„ pellée neceſſité de contrainte, lors qu'elle a ſon effet mal„ gré nous. La premiere eſt ſans violence ; la ſeconde eſt vn „ poids qui accable la volonté, & cauſe des effets qu'il n'eſt „ pas en noſtre pouuoir de détourner. Saint Auguſtin nous „ apprend comme vne verité conſtante que cette premiere „ neceſſité n'eſt pas contraire à la liberté de nos volontez, „ & qu'elles ne laiſſent pas d'eſtre parfaitement libres, en„ core qu'elles ſoient determinées à certaines actions qu'il „ leur eſt neceſſaire de faire dans l'eſtat où elles ſe trouuent. „ Et la raiſon eſt à mon auis ſenſible : Car ſi la volonté n'y „ reſiſte point ; au contraire, ſi elle deſire auec paſſion ce „ qu'elle fait ; ſi elle s'y attache inuiolablement, *Qui peut dire* „ *qu'elle n'agit pas auec liberté, encore bien qu'elle faſſe neceſ*„ *ſairement ce qu'elle fait?* Ie crois qu'il n'y a perſonne qui ne „ l'auoüaſt, ſi la Scholaſtique n'eſtoit allée à ce point que „ d'alterer les plus purs ſentimens de la nature & de la grace. „ Diſons donc que cette verité ſuit euidemment des princi„ pes que nous auons eſtablis : Car ſi eſtre libre c'eſt auoir ce „ que l'on fait en ſa puiſſance ; & ſi l'auoir en ſa puiſſance „ c'eſt la faire quand l'on veut ; qui ne voit que l'on peut „ auoir tout cela, encore bien que l'on agiſſe auec cette ne„ ceſſité.

L'Autheur

L'Autheur de ce manuscrit explique encore cette doctrine dans le Liure suiuant, qui est le septiéme de son Traitté, & le second du libre arbitre. Voicy ce qu'il en dit : Si cette indifference d'agir ou de n'agir pas estoit " necessaire à la liberté, il faudroit dire que là où il y a " moins d'indifference, là aussi il y auroit moins de liber- " té; & par consequent plus la volonté seroit determinée, " & moins elle seroit libre; d'où il s'ensuiuroit que les " operations de la grace seroient opposées au libre arbi- " tre : Car si elle nous fait efficacement vouloir, attachant " nos affections à l'amour de la Iustice, & les empeschant " de suiure l'attrait des choses creés ; ne faut-il pas en " suite qu'elle tire la volonté de cette indifference d'agir, " & la determine à l'action par vne delectation victorieu- " se, laquelle peut estre si grande qu'elle la rauit à elle- " mesme, & la iette dans la necessité d'aimer toûjours " son objet : Si cela est, serons-nous pas obligez de dire " que plus vn homme aura de grace & de vertu, moins il " aura de liberté; & que s'vnir à Dieu, c'est deuenir es- " claue : N'est-ce pas subtilement deffendre la liberté " humaine, que de la rendre incompatible auec la grace? " Disons le mesme par la loy des contraires, des mouue- " mens de la concupiscence: Ses attraits preoccupent nô- " tre raison, & nous portent auec impetuosité à l'amour " des objets qu'elle nous propose : Nous ne sommes plus " quasi indifferents lors que nous sommes tentez : Et par " consequent il seroit veritable de dire que ces mouue- " mens sont opposez à la liberté. Adjoûtons à ces absur- " ditez, que si cette indifference estoit necessaire, les plus " grands pechez seroient les moins punissables; & les plus " belles actions de vertu, les moins meritoires; Car le " merite ou le demerite estans mesurez par la liberté, il " faut qu'ils soient moindres ou plus grands, selon qu'elle " augmente ou diminuë : Or il n'y a point de doute que " dans les plus grandes actions des vertus ou des vices in- " ueterez, il y a moins d'indifference : Et par consequent " il y auroit moins de liberté. Que dirons-nous encore des " actions de nostre Seigneur IESVS-CHRIST? N'ac- "

» complissoit-il pas librement la Loy de Dieu son Pere,
» lors qu'il estoit sur la terre? Neantmoins la vision beati-
» fique luy ostoit comme aux Bien-heureux l'indifference
» d'agir ou de n'agir pas : Vous direz peut-estre qu'il l'ac-
» complissoit par tel motif qu'il vouloit, & que cela suffi-
» soit à sa liberté: Mais que direz-vous, si l'on vous soûtient
» que les circonstances mesmes de chaque action luy
» estoient prescriptes ? selon qu'il dit luy-mesme : *Sicut*
» *mandatum dedit mihi Pater, sic facio* : *Ie fais comme mon*
» *Pere m'a commandé* : Et quand bien mesme elles ne l'au-
» roient pas esté, il seroit toûjours veritable de dire qu'il
» n'auroit pas eu de liberté à l'égard de la substance de
» l'action, puis qu'il ne la pouuoit obmettre.

Ce sont leurs propres termes : Or l'on ne peut douter qu'ils ne contiennent l'heresie condamnée par le Pape Innocent X. d'heureuse memoire & par N.S.P. Alexandre
» VII. dans leur Constitution qui porte : La troisiéme
» Proposition qui est celle-cy : Pour meriter & demeriter
» en l'estat de la nature corrompuë, il n'est pas necessaire
» d'auoir vne liberté exempte de necessité, mais il suffit
» qu'elle le soit de contrainte : Nous la declarons hereti-
» que, & comme telle nous la condamnons.

Mais voicy le détour que prennent les Iansenistes : Iansenius reconnoist bien que la grace efficace n'oste iamais aux hommes qui viuent sur la terre la puissance naturelle qu'ils ont de se porter & au bien & au mal, parce que tous les hommes qui sont en cette vie peuuent changer : Les Iustes peuuent tomber & passer de l'estat de la grace dans celuy du peché : Au contraire, les pecheurs se peuuent releuer & passer de l'estat du peché dans celuy de la grace: En ce sens Iansenius auouë que l'indifference se trouue auec la liberté des hommes voyageurs, c'est à dire, des hommes qui sont en cette vie : Mais cette indifference qu'il reconnoist dans cét estat de liberté n'empesche pas qu'il ne soûtienne absolûment qu'vn acte raisonnable peut estre libre & meritoire dans l'estat de la nature corrompuë, quoy qu'il se fasse auec necessité, parce que la necessité qui vient de la grace n'est pas vne necessité de violence & de contrainte, mais vne simple necessité qui n'empesche pas la volonté de vouloir ce qu'elle fait.

C'est la doctrine que Iansenius a enseignée dans les trois Liures qu'il a faits pour expliquer la liberté, & pour l'accorder auec la grace; & que ses Disciples ont aussi enseignée dans les manuscrits que i'ay citez: Voicy leurs termes page 223. Encore bien que le libre arbitre soit " vne proprieté de la nature raisonnable, il ne s'ensuit pas " pour cela qu'elle doiue aussi-tost produire toutes sortes " d'actions; sa liberté peut estre dilatée ou restrainte se- " lon l'estat des sujets où elle reside: Comme donc la na- " ture diuine est immuable, parce que c'est vn estre sim- " ple & acte tres-pur, aussi la volonté de Dieu est inca- " pable de tout changement; & par consequent il est im- " possible ou qu'il cesse de vouloir, ou qu'en effet il ne " veüille plus ce qu'il a vne fois voulu: Mais tout au con- " traire, la nature creé est sujette à changer; parce que " tout ce qu'elle a n'est pas elle-mesme, & que tirant son " estre du neant, elle a vne inclination à y retourner sans " cesse; & partant il faut qu'elle puisse défaillir en tout " ce qu'elle fait: D'où il arriue que la volonté de l'hom- " me se porte quelquesfois à l'amour du bien, & quel- " quesfois elle s'en détourne: De la diuersité de ces deux " natures naissent deux estats de liberté qui leur sont " conuenables; car en l'vne la liberté est telle qu'elle ne " peut vouloir le mal, parce qu'elle est diuine; & en l'au- " tre elle le peut, parce qu'elle est humaine: C'est dans " cette indifference qu'Adam & les Anges ont esté creés: " Car encore bien qu'ils eussent la grace & tout l'appareil " des vertus, neantmoins ils en pouuoient faire ce qu'ils " vouloient, & se porter au bien & au mal selon le bon " plaisir de leurs volontez: C'est le premier estat de la " liberté creée, dans lequel elle auoit vne entiere indiffe- " rence de contrarieté pour aimer & haïr, & de contra- " diction pour faire ou ne faire pas: Elle s'est donc exer- " cée dans cette liberté; & vne partie s'éleuant en haut " & s'attachant à Dieu, & l'autre se precipitant en bas " & s'attachant à la creature, elle a enfin perdu cét equi- "

„ libre qui la rendoit indifferente, & au lieu qu'aupara-
„ uant elle estoit flexible & au bien & au mal, maintenant
„ elle est determinée à l'vn ou à l'autre.
„ De là sont formez deux autres estats de liberté creée;
„ l'vn de ceux qui sont determinez au bien, comme les
„ Anges, & en suite les Bien-heureux qui participent à vne
„ mesme felicité; & l'autre de ceux qui sont determinez
„ au mal, comme les demons & les damnez; & pour ce
„ qui est des hommes qui sont encore voyageurs, ils doi-
„ uent aussi estre reduits sous l'vn de ces deux estats: Car
„ ou ils viuent sous l'empire de la grace, & alors ils sont
„ determinez au bien; ou sous la tyrannie de leur concu-
„ piscence, & alors ils sont determinez au mal: Il n'y a
„ que cette difference d'auec les premiers, que pendant
„ qu'ils sont en ce monde ils peuuent aller d'vn estat à
„ l'autre selon l'esprit qui les meut, au lieu que les autres
„ sont immuables.

Ie soûtiens donc que les Iansenistes agissent de tres-mauuaise foy dans les Propositions qu'ils citent, comme contraires à la troisiéme Proposition condamnée par les Papes. Ils en ont cité trois.

La premiere se trouue dans le trente-quatriéme chapitre du sixiéme Liure de la grace du Sauueur page 915. Ils en ont changé & les termes & le sens: Voicy comme ils la citent, auec la traduction qu'ils en ont faite: *Scripturæ,*
„ *Pàtres, & Concilia requirunt indifferentiam ad vtrumlibet,*
„ *cùm de viatorum hominum libertate loquuntur; quod ab ipso*
„ *Augustino, Damasceno, Bernardo & cæteris non solùm ad-*
„ *mittitur, sed velut Catholicæ fidei immobilis basis aduersùs*
„ *Manichæos aliásque pestes veritatis & libertatis inimicas*
„ *inuictissimè defenditur:* C'est à dire: Les saintes Escritures,
„ les Peres & les Conciles requierent l'indifference à faire
„ l'vn ou l'autre, c'est à dire, le bien ou le mal, lors qu'ils
„ parlent de la liberté des hommes voyageurs: Ce que
„ saint Augustin, saint Damascene, saint Bernard & les
„ autres ont inuiolablement estably, & ce qui doit estre
„ soûtenu comme la base immobile de la foy Catholique
„ contre les Manicheens & les autres pestes ennemies de
„ la verité & de la liberté.

Voicy la mesme Proposition comme elle se trouue tout au long dans le Liure de Iansenius, auec la traduction qu'il en faut faire : La premiere partie contient vne objection que se propose Iansenius : *Obiiciuntur Scripturæ sacræ quæ* « *dicunt, Deus reliquit hominem in manu consilij sui, & adiecit* « *mandata & præcepta ; si volueris mandata seruare, conser-* « *uabunt te. Apposuit tibi ignem & aquam ; ad quod volueris* « *porrige manum tuam : Ante hominem vita & mors, bonum &* « *malum : Quod placuerit dabitur illi : Vbi Scriptura satis ex-* « *plicat quid sit esse in manu consilij, cùm dicit hominem si voluerit* « *mandata seruare, & consequenter non seruare si noluerit.* « *Rursum ex duobus oppositis vita & morte, bono & malo, eligere* « *posse quod placuerit : Ergo in homine est libertas & contrarie-* « *tatis & contradictionis, & non sola libertas à coactione. Idem* « *conuincunt omnia mandata, quibus aliquid vel iubetur vel* « *vetatur. Significat enim hominem ad vtrumuis posse flecti, ad* « *bonum, ad malum, ad agendum, ad abstinendum ; quibus con-* « *sentanea Patres omnes clamant* : C'est à dire : L'Escriture « nous apprend que Dieu a laissé l'homme dans la main de « son conseil ; qu'il luy a donné des Loix ; qu'il luy a com- « mandé de les garder ; qu'il a mis deuant luy le feu & l'eau, « pour porter sa main où bon luy sembleroit ; qu'il luy a « proposé la vie & la mort, pour choisir des deux celle qu'il « voudra : Tous ces passages de l'Escriture-Sainte & plu- « sieurs autres que nous pourrions tirer des Peres semblent « prouuer que pour estre libre, ce n'est pas assez de n'estre « pas contraint ; mais qu'il faut estre flexible & au bien & au « mal, sans estre determiné ny à l'vn ny à l'autre : C'est l'ob- « jection que se propose Iansenius. Voicy la réponse qu'il « y fait, & dont les premiers termes forment cette premiere « Proposition : *Respondeo argumentum esse verissimum, quod ab* « *ipso Augustino, Damasceno, Bernardo & cæteris non solùm* « *admittitur, sed velut Catholicæ fidei immobilis basis aduersùs* « *Manichæos aliasque pestes veritatis & libertatis inimicas in-* « *uictissimè defenditur, ac defendi debet. Verùm ad propositum* « *nostrum nihil facere facilè videt quisquis oculos habeat qui-* « *bus apertas veritates videat. Quis enim nesciat Scripturas* « *istas ac similes de viatorum hominum libertate loqui ? Illi* «

» *quippe sunt quibus præcipitur bonum, ac vetatur malum: Illi sunt quibus ignis & aqua, vita & mors apposita sunt; illi sunt qui parem in vtramque partem habent voluntatis motum; illi denique qui possunt præcepta facere & non facere, seruare, vel transgredi; sed sicut ex istiusmodi Scripturæ testimoniis perperàm concluderetur, Ergo Deus libero arbitrio caret, ergo Angeli, ergo Beati homines, ergo dæmones libertatis expertes sunt, ergo ipse Christus Dominus, dum in via ad patriam tenderet, libertate caruit; cùm neque Beati neque Christus Dominus præcepta transgredi possit ac potuerit, nec Deus eligere malum, nec dæmones bonum: Ita neque rectè concluditur actum rationalis voluntatis solius coactionis expertem non esse liberum: Inter actum quippe & statum libertatis permagna differentia est: Aliter Deus, aliter Angeli viatores, & primus homo, aliter Beati, aliter damnati, aliter homines reparandi, aliter Christus Dominus in via constitutus liber fuit. Nec vllo pacto quæ in vno statu libertatis adsunt, aut etiam requisita sunt, ad alterum extendenda sunt. Hominum igitur viatorum non solùm coactionis expertem esse libertatem, sed etiam necessitatis immutabilis voluntariæ, hoc est, eam ad vtrumque indifferentem esse, cum Scripturis, Augustino & Patribus, & Catholica fide fatemur perlibenter: Sed in illa indifferentia sitam esse generaliter humani arbitrij libertatem iidem Patres pernegarent. Neque enim quisquam (spero) ita desipuerit, vt hominem etiam viatorem libertatem amissurum putaret, si liberrima & liberatrice charitate ita liberaretur & firmaretur arbitrium, vt quòd Beatis iam in præmium retributum est, in hac vita constitutus ampliùs iam peccare non posset. Ex alio igitur capite quàm ex natura libertatis oritur indifferentia ad agendum, itemque ad bonum & malum. Nam quamuis istud certissimum in creatura rationali libertatis indicium sit, non tamen libertatis est causa vel ratio: Et propterea adesse vel abesse potest voluntatis arbitrio sine dispendio libertatis:* C'est à dire: Ie répons que cét argument est veritable, & qu'il contient vne doctrine que saint Augustin, saint Damascene, saint Bernard ont receuë, & qu'ils ont mesme deffenduë comme la base immobile de la foy Catholique contre les Manicheens & les autres pestes ennemies de la verité & de la liberté; mais il ne prouue rien « contre nous : Car il est vray que ces paroles de l'Escriture « se doiuent entendre de la liberté des hommes voyageurs, « qui choisissent auec indifference ou le bien ou le mal, ou « la vie ou la mort ; parce que leur volonté n'est point de- « terminée ny à l'vn ny à l'autre : Mais comme ces passages « ne prouuent rien contre la liberté, ny de Dieu, ny des An- « ges, ny des Bien-heureux, ny des demons, ny de IESVS- « CHRIST lors qu'il estoit en cette vie, quoy que l'on ne « trouue point d'indifference dans leur liberté : De mesme « l'on concluroit tres-mal : *Qu'vn acte de la volonté raisonna-* « *ble n'est pas libre lors qu'il est exempt de la necessité de violence* « *& de contrainte, quoy qu'il ne le soit pas de toute necessité.* « On doit donc distinguer entre l'acte qui est libre, & entre « l'estat de la liberté : Autre est la liberté de Dieu ; autre a « esté celle des Anges voyageurs ; autre a esté celle du pre- « mier homme ; autre est celle des Bien-heureux ; autre est « celle des damnez ; autre est celle des hommes reparez par la « grace ; autre enfin a esté celle de IESVS-CHRIST lors « qu'il estoit en cette vie : Toutes ces libertez sont differen- « tes ; & ce qui se trouue ou ce qui est requis dans vn estat « de liberté ne se doit pas estendre aux autres. I'auoüe libre- « ment auec l'Escriture, auec S. Augustin, & tous les Peres, « que la liberté des hommes voyageurs n'est pas exempte « seulement de violence & de contrainte, mais encore de « toute necessité ; & par consequent ie reconnois qu'elle est « indifferente : Mais ie nie auec les mesmes Peres que la li- « berté des hommes consiste generalement dans cette indif- « ference : *Car ce seroit vne folie de croire qu'vn homme voyageur* « *auroit perdu sa liberté, si Dieu par vne faueur toute extraor-* « *dinaire luy accordoit en cette vie ce que les Bien-heureux ont* « *pour recompense dans les Cieux ; c'est à dire, s'il luy faisoit la* « *grace de ne pouuoir pecher.* C'est donc d'vne autre source « que de la liberté que naist l'indifference que nous auons « d'agir ou de ne pas agir, comme aussi de faire ou le bien ou « le mal : Car cette indifference est bien vne marque assurée « de nostre liberté, mais elle n'en est pas ny l'essence ny la « cause : C'est pourquoy elle peut se trouuer ou ne se pas «

„ trouuer dans nostre volonté, sans que la liberté soit of-
„ fensée.

C'est la traduction fidele que i'ay faite de cette Proposition comme elle se trouue dans le Liure de Iansenius, & que i'ay rapportée dans toute son estenduë pour faire voir la mauuaise foy des Iansenistes, & la verité de tout ce que i'ay dit : Car Iansenius reconnoist bien dans ce passage que la liberté des hommes voyageurs est indifferente & au bien & au mal ; parce que tous les hommes qui sont en cette vie peuuent changer, & passer d'vn estat dans vn autre ; c'est à dire, du peché dans la grace, & de la grace dans le peché : Mais Iansenius n'a iamais dit que cette indifference fust necessaire pour rendre vn acte libre : Au contraire, il dit expressément dans ce passage qu'vn acte raisonnable peut estre libre & meritoire dans l'estat de la nature corrompuë, quand il est exempt de violence & de contrainte, quoy qu'il ne le soit pas de toute necessité: *Neque rectè concluditur*, dit-il, *actum rationalis voluntatis solius coactionis expertem non esse liberum* : Ce sont ses termes : Il dit mesme qu'vn homme n'auroit pas perdu sa liberté, quoy que son libre arbitre fust determiné au bien, comme celuy des Bien-heureux dans le Ciel : Ainsi selon les principes de Iansenius, il est toûjours veritable de dire que pour meriter & demeriter dans l'estat de la nature corrompuë il n'est pas necessaire d'auoir vne liberté exempte de necessité, pourueu qu'elle le soit de contrainte ; qui est ce que les deux derniers Papes ont condamné.

Les Iansenistes citent deux autres passages pour les opposer à la troisiéme Proposition condamnée par les Papes.

„ Le premier passage est celuy-cy : *Respondetur, quandiu*
„ *hic viuimus siue in infidelitate ante gratiam, siue sub gra-*
„ *tia, indifferentiam ad contraria, hoc est ad volendum facien-*
„ *dumque bonum & malum, semper inesse libero arbitrio ; sed*
„ *non eo modo quo isti Scholastici putant quos suprà diximus,*
„ *qui quocunque modo arbitrium, siue gratiâ, siue peccati*
„ *delectationibus imbuatur ; semper existimant cùm vtrâuis*
„ *eius d spositione posse fieri vt vtrumlibet velit, siue bonum*
„ *siue malum ; pro illa sola scilicet innata indifferentia vo-*
luntatis

luntatis quæ sub quacunque dispositione actum præuenientè se sua libertate in vtramuis partem flectit. Talis enim indifferentia contrarietatis ab Augustino constantissimè negata fuit, & à Pelagianis contentiosissimè postulata, prout vtrumque suis locis demonstrauimus : C'est à dire : Ie répons que tant que nous viuons, soit que nous soyons dans l'infidelité auant la grace, soit que nous soyons sous la grace, nostre libre arbitre a toûjours l'indifference aux actions contraires ; c'est à dire, à vouloir & à faire le bien ou le mal, mais non en la maniere que pensent ces Scholastiques dont nous auons parlé, qui s'imaginent que de quelque delectation de grace ou de peché que nostre volonté soit remplie, il se peut toûjours faire qu'auec l'vne ou l'autre de ces deux dispositions elle veüille l'vn ou l'autre ; c'est à dire, le bien ou le mal, au moyen de cette indifference naturelle de la volonté qui se trouue par sa liberté ou d'vn costé ou d'autre, quelle que puisse estre la disposition qui precede son consentement : Car cette sorte d'indifference de contrarieté a esté tres-constamment rejettée par saint Augustin, & tres-opiniâtrement soûtenuë par les Pelagiens, comme nous auons monstré l'vn & l'autre en son lieu. C'est le premier passage qu'ils ont cité, auec la traduction qu'ils en ont faite.

Le second passage est celuy-cy : *Sicut ergo in sensu composito veræ sunt huiusmodi phrases, quibus voluntas acta per diuinam gratiam dicitur non posse resistere Deo, non posse dissentire ab eo quod vult operari Deus, non posse declinari, non posse superari : Ita econtrario in sensu diuiso veræ sunt, quibus dicitur posse declinari, posse superari, posse dissentire. Eodem igitur modo locus Concilij Tridentini quo dicit liberum arbitrium à Deo motum & excitatum posse dissentire si velit ; Itemque quòd inspirationem recipiens illam & abijcere potest, non difficulter ab eis & à nobis solui potest :* C'est à dire : Comme ces expressions par lesquelles on dit que la volonté meüe par la grace de Dieu ne peut resister à Dieu, ne peut s'éloigner de ce que Dieu veut qu'elle fasse, ne peut estre empeschée, ne peut estre surmontée, sont veritables dans le sens composé : On peut dire au

„ contraire auec verité dans le ſens diuiſé que la volonté
„ peut eſtre empeſchée, qu'elle peut eſtre ſurmontée, &
„ qu'elle peut ne pas conſentir : Et ainſi ces deux paſſages
„ du Concile de Trente, l'vn que le libre arbitre eſtant
„ meü & excité de Dieu peut ne pas conſentir s'il le veut,
„ l'autre que receuant l'inſpiration il peut la rejetter,
„ peuuent eſtre par nous expliquez ſans peine de la ma-
„ niere qu'ils le ſont par les Diſciples de ſaint Thomas.

Ces deux Propoſitions qu'ils ont citées ſe trouuent dans le huitiéme liure de la grace du Sauueur : La premiere eſt tirée du chapitre vingtiéme : Et la ſeconde du chap. 4. de ce liure: Mais on ne peut point les oppoſer à la troiſiéme Propoſition condamnée par les Papes, ſans agir de tres-mauuaiſe foy : Car ces Propoſitions prouuent ſeulement, comme i'ay déja dit, que la grace efficace n'oſte iamais aux hommes qui viuent ſur la terre la puiſſance naturelle qu'ils ont de ſe porter auec indifference ou au bien ou au mal, c'eſt dire, le pouuoir de retomber dans le peché lors qu'ils n'auront plus le ſecours de la grace : Mais elles ne prouuent pas que tout acte libre & meritoire dans l'eſtat de la nature corrompuë renferme neceſſairement l'indifference & l'exemption de toute neceſſité ; qui eſt neantmoins ce que les Catholiques croyent, & ce que les deux derniers Papes ont decidé. Les Ianſeniſtes diſent dans la demonſtration du Fait reduit en abregé que Ianſenius a receu toute l'indifference des Thomiſtes, & qu'il a expliqué comme eux le pouuoir de conſentir ou de reſiſter à la grace efficace. Ie répons que la doctrine des Thomiſtes ſur cette troiſiéme Propoſition eſt tres differente de celle de Ianſenius : Car ſelon les Thomiſtes la premotion phyſique n'eſt autre choſe que l'application de la cauſe ſeconde qui ſe fait par la cauſe premiere, laquelle tempere tellement ſa motion auec la nature de la cauſe qu'elle meut, qu'elle agit librement auec les cauſes libres, & neceſſairement auec les cauſes neceſſaires : C'eſt pourquoy cette premotion phyſique ne neceſſite iamais la volonté de l'homme, ſelon la doctrine des Thomiſtes ; & ſi elle la neceſſitoit, elle ruineroit ſa liberté : Ianſenius raiſonne tout autrement : Car il dit dans tous les passages que i'ay citez, que la grace efficace n'osteroit point la liberté à l'homme, quand mesme elle le necessiteroit par la delectation victorieuse qui est en elle; parce que cette necessité ne seroit point vne necessité de violence ou de contrainte, mais vne simple necessité qui n'empesche pas la volonté de vouloir ce qu'elle fait : C'est pourquoy il soûtient que pour meriter & demeriter dans l'estat de la nature corrompuë, il n'est pas necessaire d'auoir vne liberté exempte de necessité, pourueu qu'elle le soit de contrainte; qui est la troisiéme Proposition condamnée par les Papes.

Les Iansenistes s'expliquent eux-mesmes si clairement dans leurs écrits, que ie n'ay point besoin d'en chercher d'autres pour les confondre : Voicy ce que dit le premier manuscrit que i'ay plusieurs fois cité dans le liure neufiéme de la Concorde de la grace auec la liberté chapitre quatriéme page 243. Tout ce que l'Eschole de saint " Thomas a coûtume de dire pour deffendre sa prede- " termination physique, nous est autant auantageux qu'à " elle : Son sens composé & diuisé sert pareillement à " resoudre les objections que l'on nous fait, & qui luy " sont communes auec nous : Expliquons donc son sen- " timent pour soulager l'intelligence de ceux qui ne l'ont " pas encore bien compris, & disons auec elle que la li- " berté ne laisse pas d'estre toute entiere, encore bien que " nous soyons predeterminez; parce que lors que nous " faisons le bien par le mouuement tout-puissant de la " grace, alors mesme il est veritable de dire que nous " auons le pouuoir de faire le mal; non pas qu'à mesme " temps que nous faisons le bien nous cessions de le faire, " ou que nous commettions quelque peché; car il y auroit " vne contradiction manifeste, & ce seroit faire le bien " & ne le pas faire tout ensemble; mais parce qu'alors " nous ne sommes pas priuez du pouuoir de cesser ou de " faire le contraire de ce que nous faisons : Les actes con- " traires sont bien incompatibles, mais ils ne sont pas " pour cela opposez aux puissances contraires : La mu- " raille blanche peut estre noire; car la blancheur actuelle "

» est bien incompatible auec la noirceur ; mais elle ne de-
» truit pas pour cela la puissance que la muraille a d'estre
» noire : Autrement il seroit impossible qu'elle le fust : Ainsi
» vouloir , & ne vouloir pas actuellement , sont bien con-
» traires ; mais il ne s'ensuit pas que pour vouloir ie n'aye
» pas la puissance de ne pas vouloir ; que si ie l'ay, il est vray de
» dire que lors que ie veux de quelque façon que ie veüille,
» ie puis ne vouloir pas ; & par consequent que dans la ne-
» cessité de mon action i'ay vne indifference de faire l'vn &
» l'autre : Ainsi pendant que Dieu me tient engagé dans
» sa grace par les actions de son amour , ie ne veux rien que
» ce qu'il me propose, & ie le veux necessairement ; parce que
» ie ne trouue rien de si doux qui m'oblige de changer : Mais
» cela n'empesche pas qu'à mesme temps ie ne puisse me
» tourner du costé des creatures ; & il faut bien que ce pou-
» uoir me demeure sous l'empire de la grace , parce que
» quand il plaist à Dieu de la retirer , à mesme temps ie l'e-
» xerce sur les objets creéz qui se presentent : Ie puis donc
» ne vouloir pas alors mesme que ie veux , & par consequent
» il faut que ie sois libre. Ils continüent en suite.

» Mais encore bien que tout ce que disent ces Scholasti-
» ques soit vray , & que nous demeurions d'accord auec eux
» de cette indifference qui demeure dans nos volontez non-
» obstant toute sorte de premotion ; ils me pardonneront
» neantmoins , si ie leur dis que saint Augustin a procedé par
» vne autre voye , quand il a esté question de concilier la
» grace auec la liberté : Certainement s'il n'y auoit point
» d'autre moyen de les accorder , ou bien si celuy que ces
» Docteurs proposent estoit le plus legitime , il y auroit
» dequoy s'estonner que saint Augustin , qui a tant de
» fois esté attaqué pour ce sujet , n'en fait aucune mention :
» Ceux qui ont lû ses écrits sçauent combien ce que ie dis
» est veritable : Voicy donc commme il y a procedé : Il a
» toûjours soûtenu comme vne verité Chrestienne , que de-
» puis la corruption de nostre nature nous auons tous besoin
» d'vn secours qui nous determinast : Les Pelagiens & autres
» Heretiques s'en scandaliserent, s'imaginãs que c'estoit in-
» troduire dans le monde vne fatale necessité, qui entraisnoit

toutes choses auec impetuosité ; & partant que les causes «
libres estoient ou violentées ou emportées comme des in- «
strumens inanimez sans contribuer du leur à l'exercice «
des bonnes œuures : Saint Augustin a pleinement répondu «
à ces objections, & leur a dit, qu'encore *bien qu'il soit* «
vray que la grace determine nos volontez, elle est toûjours d'ac- «
cord auec nostre liberté, parce qu'elle ne les violente iamais; «
puis qu'elles ne sont iamais determinées qu'en mesme «
temps elles ne veüillent, cette mesme grace leur inspirant «
le vouloir : Or où il y a vne volonté & vn vouloir, il n'y «
sçauroit auoir de violence ; & là où il n'y a point de vio- «
lence, il faut qu'il y ait vne entiere liberté : Il ne s'ensuit «
donc pas que nous soyons emportez comme vne pierre le «
seroit par vn torrent ; parce qu'encore bien que nous «
soyons entre les mains de Dieu, comme les instrumens de «
sa grace, neantmoins ce sont des instrumens qui con- «
noissent & qui veulent ce qu'ils font, cooperans auec le «
principe qui les meut & se mouuans auec luy : Voilà la «
vraye façon de concilier la liberté auec la grace. «

Ce sont les termes du premier manuscrit : Et peu apres
chapitre 9. page 252. C'est vn abus de croire que nous «
ne puissions estre libres sans auoir en nous le pouuoir de «
faire l'vn ou l'autre des deux opposez : La liberté ne nous «
rend pas puissans de cette sorte : Sa nature est de nous «
rendre voulans : Et par consequent quand ce seroit vn «
torrent de volupté aussi grand que celuy du Paradis, nous «
le voulons librement ; & la necessité d'aimer ne fait que «
perfectionner nostre liberté au lieu de l'esteindre, puis «
qu'elle ne nous empesche pas de vouloir : Au contraire, «
elle augmente nostre desir & nous fait vouloir plus ar- «
demment : Et enfin il conclut chapitre dix-neufiéme page «
255. Disons donc auec saint Augustin, que nous ne perdons «
iamais nostre liberté quand Dieu nous preuient par le «
mouuement puissant de sa grace ; parce que si estre libre, «
c'est auoir ce que nous faisons en nostre puissance, & que «
la chose est en nostre puissance, lors qu'elle est faite quand «
nous voulons ; *il s'ensuit euidemment que tout ce que nous* «
voulons nous est libre ; & partant soit que la grace nous fasse «

„ *agir necessairement, soit qu'elle ne le fasse pas, nous serons*
„ *toûjours libres en nos operations, pourueu que nous ne soyons*
„ *pas contraints, & que nous puissions vouloir ce que nous*
„ *faisons.*

„ Ce n'est pas que S. Augustin n'ait reconnu quelque sor-
„ te d'indifference dans nos volontez ; nous l'auons assez
„ monstré cy-deuant, lors que nous auons dit auec l'Es-
„ cole de S. Thom. que lors mesme que nous faisons le bien,
„ il est vray de dire que nous pouuons faire le mal ; parce
„ que non seulement la puissance de le faire demeure toû-
„ jours, mais encore le poids de la concupiscence qui est le
„ pouuoir & la vertu du peché, laquelle n'est pas esteinte
„ par la delectation, bien qu'elle ne puisse pas produire
„ son effet, tant que la grace domine sur nos volontez:
„ Ainsi nous pouuons dire que les infideles qui ne croyent
„ pas, peuuēt croire; non pas qu'il soit en leur puissance de
„ faire l'vn ou l'autre quand ils veulent ; mais parce qu'en-
„ core qu'ils ne croyēt pas, ils ont neantmoins vne puissan-
„ ce capable de croire quād elle sera éclairée par la grace.

Il se fait apres cette objection chapitre vingtiéme page
„ 158. Vous me direz peut-estre que cette façon de con-
„ cilier la grace auec la liberté n'est point differente de
„ celle dont Caluin se sert, & que le Concile de Trente
„ semble auoir rejettée : Mais auant que de me faire cette
„ objection, il vous falloit auoir examiné diligemment
„ pourquoy le Concile auoit condamné cét Heretique:
„ Car il ne faut pas penser que tout ce que les Heretiques
„ disent soit incontinent digne de censure ; c'est l'ordi-
„ naire de l'erreur de se mesler auec la verité, de surpren-
„ dre mesme les moins credules : Pourquoy ne se peut-il
„ pas faire que Caluin ait quelquesfois les mesmes senti-
„ mens de saint Augustin ? & quand cela se rencontre n'est-
„ il pas iuste de congratuler à l'vn plustost que de s'indi-
„ gner contre l'autre ? *Il est certain que saint Augustin a esta-*
„ *bly la liberté dans l'exemption de contrainte, & non pas dans*
„ *vne indifference philosophique : Si Caluin a esté dans le mesme*
„ *sentiment, faut-il pour cela que cette doctrine nous soit sus-*
pecte ? Ce sont leurs propres termes : Qu'y peuuent-ils

répondre ? S'ils desauoüent ce manuscrit, nous le pouuons produire contre eux, & le faire voir à tous ceux qui voudront, car nous l'auons entre les mains : S'ils le reconnoissent, pourquoy ne retractent-ils pas publiquement & clairement ce qu'ils ont dit ? L'autheur qui a composé ce manuscrit, dit que les Thomistes luy pardonneront bien, s'il leur dit que saint Augustin n'accorde pas comme eux la grace auec la liberté : Il est donc veritable que Iansenius n'explique pas comme les Thomistes le pouuoir de consentir ou de resister à la grace efficace : Secondement, il dit que l'indifference de nostre liberté consiste seulement en ce que lors mesme que nous faisons le bien nous pouuons faire le mal, parce que la puissance de le faire demeure toûjours en nous auec le poids de la concupiscence : Il est donc vray que les Propositions qu'ils ont citées, & ausquelles nous venons de répondre, ne peuuent estre opposées à la troisiéme Proposition condamnée par les Papes, & qu'elles prouuent seulement ce que nous auons dit : Sçauoir, que la grace efficace n'oste iamais aux hommes la puissance naturelle qu'ils ont de se porter ou au bien ou au mal : Enfin il dit que nous serons toûjours libres en nos operations, pourueu que nous ne soyons pas contraints, & que nous puissions vouloir ce que nous faisons ; soit que la grace nous fasse agir necessairement, soit qu'elle ne le fasse pas : Il est donc euident selon leurs principes que pour meriter ou demeriter dans l'estat de la nature corrompuë, il n'est pas necessaire d'auoir vne liberté exempte de necessité, pourueu qu'elle le soit de contrainte ; qui est la troisiéme Proposition que les deux derniers Papes ont condamnée.

CHAPITRE XIII.

Explication de la quatriéme Proposition.

LE sens de la quatriéme Proposition est celuy-cy : Les Catholiques croyent que les Semipelagiens ont esté condamnez pour auoir dit que l'homme dans l'estat de la nature corrompuë n'auoit besoin d'aucune grace interieure pour le commencement de la foy, mais seulement pour les autres bonnes œuures : Iansenius au contraire soûtient que les Semipelagiens ont esté condamnez pour auoir dit que l'homme dans l'estat de la nature corrompuë pouuoit croire s'il vouloit, auec le secours d'vne grace pareille à celle du premier homme en l'estat d'innocence, quoy qu'il eust besoin d'vne grace efficace pour les autres bonnes œuures : De sorte que selon les principes de Iansenius, l'Eglise n'a pas condamné les Semipelagiens comme des Heretiques, pour auoir dit que l'homme apres sa cheute pouuoit croire sans le mouuement d'aucune grace; mais pour auoir dit premierement que l'homme pouuoit croire s'il vouloit auec vne grace suffisante pareille à celle que les Anges & que le premier homme auoient receuë: Secondement, pour auoir crû que l'homme pouuoit resister ou consentir à cette grace.

C'est la doctrine que cét Autheur enseigne dans le huitiéme liure de l'heresie Pelagienne chapitre sixiéme: Voicy
„ ses termes: *In hoc ergo propriè Maßiliensium error situs est,*
„ *quòd aliquid primæuæ libertatis reliquum putant, & quòd*
„ *sicut Adam si voluisset, poterat perseueranter operari bo-*
„ *num, ita lapsus homo saltem credere posset, si vellet: Neuter*
„ *tamen absque interioris gratiæ adiutorio, cuius vsus vel*
„ *abusus relictus esset in vnius cuiusque arbitrij potestate:*
„ *Non enim exclusisse Maßilienses ab illa credendi voluntate*
„ *gratiam quæ interiùs adiuuaret, vel inde solùm, & si nihil*
„ *ipsi expreßiùs dicerent, perspicuum esse potest, quòd fre-*
„ *quenter non minùs Prosper quàm Augustinus eorum senten-*
„ *tiam, qua hominem sua naturali poßibilitate seu liberta-*
„ *te seu natura credere & velle posse censebant, in Angelis*
„ *& Adamo, non autem in lapsis hominibus verum esse fa-*
„ *teantur*: C'est à dire: L'heresie des Marseillois, ou des
„ Semipelagiens, consiste proprement en ce qu'ils ont crû
„ que l'homme apres sa cheute auoit conserué quelques
„ restes de sa premiere liberté: Car ils ont dit qu'il pouuoit
„ croire s'il vouloit, comme Adam dans l'estat d'inno-

cence eust pû perseuerer s'il eust voulu : Ces Heretiques neantmoins n'ont iamais dit qu'Adam dans l'estat d'innocence eust pû perseuerer s'il eust voulu, ny que l'homme dans l'estat de la nature corrompuë pût croire s'il vouloit sans le secours d'vne grace suffisante qui laisse la volonté dans vne pleine & entiere liberté de resister, ou bien d'y consentir : Car sans nous seruir d'autre argument, ce qui nous fait euidemment connoistre que les Semipelagiens n'ont iamais exclu la grace interieure de la premiere volonté de croire en IESVS-CHRIST, c'est que saint Prosper & saint Augustin auoüent souuent que l'opinion de ces Heretiques est veritable dans les Anges & dans le premier homme, & non point dans l'estat de la nature corrompuë.

Ce sont les propres termes de Iansenius : Et dans le huitiéme chapitre du mesme Liure : *In hoc propriè Massiliensium & Augustini error situs fuit, quòd Angelorum sanctorum & stantis hominis adiutorium, in quo intelligendo & admittendo nulla penitus ipsis difficultas fuit, etiam lapsis hominibus hactenus sufficere voluerint; vt quia non penitus esset deprauata vel extincta natura, cùm illo eodem auxilio perdurante quo antea in Adamo cuncta poterant, possent etiam nunc lapsi, fracti & ægri saltem credere & à sua infirmitate velle sanari: Nec opus esse vt per vllam aliam gratiam ægrotis propriam quàm Christus attulit ipsa credendi voluntas donaretur; seu, vt etiam dicunt, donaretur vt velit, reiectis ab illo dono aliis pariter reis : Talem enim gratiam volunt non ad initium bonæ voluntatis seu ad credendum, sed tantùm ad operandum esse necessariam, quia aliquid integritatis in natura remanserit, propter quàm cum illo Adami & Angelorum adiutorio si vellet crederet, non autem si vellet, posset operari :* C'est à dire : Les Marseillois ou les Semipelagiens & saint Augustin deuant le temps de son Episcopat, n'ont iamais eu aucune peine à reconnoistre vne grace suffisante pareille à celle que les Anges & que le premier homme auoient receuë : Leur veritable erreur est qu'ils ont crû qu'auec cette grace suffisante l'ame de l'homme languissante & malade & affoiblie par le peché, pouuoit croire si elle vouloit, & pouuoit

„ desirer d'estre guerie de son infirmité sans auoir besoin „ de la grace medecinale de IESVS-CHRIST, qui ne „ nous donne pas seulement le pouuoir, mais encore le „ vouloir : Ils ont bien dit que l'homme apres sa cheute „ auoit besoin de la grace efficace pour agir : Mais ils „ n'ont pas crû que cette grace efficace luy fust necessaire „ pour croire s'il vouloit : Au contraire, ils ont dit que „ l'homme apres sa cheute pouuoit croire s'il vouloit auec „ les forces qui luy restoient, pourueu qu'il eust vne grace „ pareille à celle que les Anges & que le premier homme „ auoient receuë dans leur creation. Ce sont encore ses propres termes : Il repete le mesme dans le liure second de la grace du Sauueur dans les chapitres douziéme & quinziéme, & dans quelques autres lieux.

Ce qui a fait tomber Iansenius dans cette erreur, est qu'il a crû, comme nous auons dit cy-dessus, que toutes les graces de IESVS-CHRIST en qualité de Redempteur, c'est à dire, que toutes les graces qui nous sont données par les merites de IESVS-CHRIST dans l'estat de la nature corrompuë, doiuent estre efficaces ; & que toutes les autres qui sont suffisantes seulement, c'est à dire, qui ne nous donnent que le pouuoir d'agir si nous voulons, & qui ne nous donnent pas elles-mesmes le vouloir, sont inutiles, & mesmes prejudiciables aux hommes dans le mal-heureux estat où le peché les a reduits : C'est la veritable doctrine de cét Autheur.

Ses Disciples ont suiuy cette mesme doctrine, & l'ont enseignée aux Religieuses de Port-Royal, comme il paroist par les deux manuscrits que i'ay citez : Voicy ce qu'ils en disent dans le premier, dans le troisiéme liure, chapitre „ premier, page 83. Les graces du Redempteur ne nous „ estans iamais accordées, qu'à mesme temps elles ne „ nous donnent le vouloir, *il est euident qu'il n'y en a point* „ *qui soient seulement suffisantes* : Ie sçais bien que cette „ Proposition offensera ceux qui sont preoccupez de „ l'Eschole, & qui s'imaginent que Dieu seroit injuste, „ s'il auoit obligé les hommes à l'obseruance de sa Loy, „ sans leur donner en mesme temps des graces suffisantes pour l'accomplir. Car quelle apparence, disent-ils, de condamner les hommes s'ils ne peuuent faire ce que Dieu leur commande ? N'est-ce pas en vain qu'ils sont intimidez, s'il leur refuse ce qui est necessaire pour euiter les peines dont ils sont menacez ? N'est-ce pas vne illusion de leur proposer des recompenses, & en mesme temps de leur oster le moyen de les meriter. Ce sont des plaintes grandes à la verité en apparence, mais qui n'ont aucun fondement dans les principes veritables de saint Augustin & de l'Eglise.

Ce sont les propres termes de cét Autheur : Et vn peu apres, lors qu'il parle des deux graces suffisantes que les Theologiens reçoiuent ; c'est à dire, de cette grace suffisante que la volonté rend efficace par son consentement ; & de cette autre qui nous donne seulement le pouuoir d'agir, mais qui demeure toûjours sans auoir son effet ; il les rejette toutes deux comme appartenantes à l'estat d'innocence, & non pas à l'estat de la nature corrompuë : Voicy comme il en parle page 85. Ie dis donc que cette grace suffisante n'est qu'vn secours sans lequel l'action ne peut estre faite ; mais ce n'est iamais vn secours par lequel elle se fait ; & par consequent c'est vne grace d'vne volonté saine & robuste, mais non pas d'vne puissance malade & languissante, comme la nostre est presentement : Et peu apres : *C'est le secours que les Semipelagiens disoient estre necessaire, ce qui n'a pas empesché qu'ils n'ayent esté condamnez comme Heretiques*, en ce qu'ils croyoient qu'il n'en falloit pas d'autre pour croire actuellement : Et plus bas page 87. Ie dis bien dauantage que cette grace n'est pas seulement inutile aux hommes, mais encore qu'elle leur est pernicieuse : Car les Theologiens modernes discourent de cette sorte : Ils disent que l'homme ne peut estre coupable en transgressant les Loix que Dieu luy a données, s'il n'a tout ce qui luy est necessaire pour les accomplir ; car autrement ce seroit vne iniustice de les punir, puis qu'on l'auroit obligé de faire ce qui luy est impossible : Or c'est cette grace suffisante qui luy donne le pouuoir de bien faire, & qui

» le rend coupable s'il ne le fait : Cette grace neantmoins
» ne fera iamais qu'il veüille actuellement, & demeurera
» eternellement sans auoir son effet : N'est-ce pas vne
» estrange imagination ? Si Dieu la donne, l'homme est cri-
» minel : S'il ne la donne pas, il ne l'est point : Ne seroit-il
» pas plus souhaitable qu'il la luy refusast ? Quelle miseri-
» corde fait-il à vn pauure miserable de luy accorder vne
» grace qui ne seruira iamais que pour augmenter son sup-
» plice ? Quel est ce Medecin qui voudroit ordonner vn
» remede qu'il sçait estre tel de sa nature, que s'il ne l'or-
» donne pas, celuy qu'il traitte sera moins malade, que s'il le
» donnoit ? L'on dira peut-estre qu'il ne tient qu'à luy s'il
» ne s'en sert point : Voilà ce qu'ils ont accoûtumé de dire :
» Mais ils ne considerent pas que croyans éuiter vn precipice
» ils tombent dans vn autre plus grand : Car ils confondent
» l'estat d'innocence auec celuy de la corruption, & ils se
» rendent aussi ridicules que celuy qui diroit d'vn homme
» dont l'estomac est affoibly d'vne maladie, qu'il ne tient
» qu'à luy de digerer vne des viandes les plus robustes : Le
» peché originel a rendu nos puissances malades, & vous
» dites qu'il ne tient qu'à elles de faire ce que font les plus
» saines : Ce qui separe les graces d'Adam d'auec celles du
» Redempteur, est la façon d'agir : Si elles ne font autre
» chose que de rendre la puissance capable d'operer, sans
» donner en mesme temps le vouloir, elles sont toutes re-
» putées graces d'Adam : Car demeurant dans les termes de
» graces de possibilité, il dependra toûjours de la volonté
» de les appliquer à l'action dont elle sera la cause principa-
» le : Et telle est non seulement la grace dont nous parlons,
» mais encore celle qu'ils appellent à leur façon efficace :
» Car soit qu'elle soit distinguée de la suffisante, soit qu'elle
» soit seulement appellée telle par la determination de la
» volonté, c'est toûjours vn secours sans lequel l'action ne
» se peut pas faire : Mais ce n'est iamais vn secours par lequel
» elle se fait actuellement. Ce sont les termes du premier
manuscrit.

Voicy ceux du second ; lors qu'il parle dans le premier
chapitre de cette grace suffisante que la grace rend efficace

par son consentement, & de cét autre qui demeure toûjours sans auoir son effet: C'est, *dit-il*, vn secours sans lequel l'action ne se fait pas, & ce n'est pas vne aide par lequel elle se fait: Et ainsi il n'appartient qu'à vne volonté saine & entiere comme estoit celle du premier homme, & non à vne volonté foible & malade, telle qu'est deuenuë celle de l'homme apres sa cheute deplorable: Secondement, c'est vn secours seulement de possibilité, & non de volonté & d'action qui ne donne à l'homme que le pouuoir, & ne le fait pas vouloir ce qu'il peut: Ce qui est vne grace Pelagienne: Troisiémement, *les Marseillois, c'est à dire, les Semipelagiens ont esté condamnez comme Heretiques, pour auoir crû que ce secours estoit suffisant à l'homme, afin qu'il crût s'il vouloit*, sans qu'il fust besoin d'vn autre secours de la grace de Dieu, afin qu'il crût actuellement. Quatriémement, si l'homme pouuoit maintenant agir auec cette seule assistance, il s'ensuiuroit que sans vne plus particuliere grace de Dieu, il pourroit par son libre arbitre se releuer, demeurer en la verité, perseuerer, & ainsi se discerner soy-mesme d'auec les autres, ayant sujet de se glorifier contre l'Apostre, qui dit: Qui est-ce qui vous discerne, & qu'auez-vous que vous n'ayez receu? Cinquiémement, cette grace repugne aux prieres communes de toute l'Eglise en deux choses: La premiere est que l'Eglise ne prie iamais pour ses enfans qu'ils puissent s'ils veulent, mais qu'ils veüillent, qu'ils se conuertissent, qu'ils fassent les preceptes, & qu'ils perseuerent dans le bien: La seconde est que cela rend les prieres de l'Eglise inutiles: Car pourquoy prier Dieu que quelques-vns se conuertissent, si tous (au moins les Chrestiens) ont la grace presente pour le faire?

Et dans le chapitre second: Lors que l'œil est malade ou aueugle, la lumiere ne suffit pas pour le faire bien voir, mais il est besoin que la medecine luy donne vn remede qui guerisse son infirmité ou son aueuglement: De mesme la volonté estant blessée par le peché, vn simple secours qui n'est que comme exterieur ne donnant que le pouuoir, ne suffit en aucune sorte: Mais il est necessaire qu'vne

» puissante grace agisse au dedans pour reparer & pour
» guerir la blessure de la volonté. La grace suffisante n'estant
» qu'vn secours pour vne volonté saine & entiere, de mesme
» que la lumiere n'est qu'vne assistance pour vn œil sain &
» clair-voyant : Or la blessure de la volonté consistant seu-
» lement en l'action de vouloir, & la grace suffisante n'ap-
» portant que le pouuoir si on veut ; il est euident qu'elle n'a
» pas en soy dequoy guerir la foiblesse de la volonté, mais
» qu'il est necessaire d'vne grace plus puissante qui donne la
» force de vouloir ce que nous pouuons, sans quoy toutes
» les autres graces sont inutiles : Et en effet qu'y a-t'il de
» plus inutile & pernicieux aux hommes qu'vne grace qui
» n'est point propre qu'à les jetter dans vne plus grande
» condamnation ? puisque du consentement des Scholasti-
» ques mesmes, personne ne s'en est iamais seruy & ne s'en
» seruira iamais.

» Et dans le troisiéme chapitre : D'autres Scholastiques
» ont dit que la grace suffisante & efficace tire son nom de
» l'euenement, estant dans le pouuoir de la volonté libre
» de la rendre efficace ou inefficace dans l'acte second qu'ils
» appellent: Et cependant ils n'ont pas consideré que c'estoit
» le mesme secours que l'Eglise & saint Augustin ont attri-
» bué au premier homme & aux Anges l'appellant Poten-
» tiel, & sans lequel on ne peut agir, laissant à leur libre
» arbitre d'en vser ou de n'en pas vser, & de perseuerer ou
» de ne pas perseuerer. Ce sont leurs propres termes.

C'est l'heresie que les deux derniers Papes ont condam-
» née : Car voicy les termes de la Bulle : La quatriéme Pro-
» position qui porte que les Semipelagiens admettoient la
» necessité de la grace interieure & preuenante en toutes
» bonnes actions, mesme pour le commencement de la foy,
» & qu'ils estoient heretiques en ce qu'ils disoient que la
» volonté de l'homme y pouuoit resister & correspondre:
» Nous la declarons fausse & heretique, & comme telle nous
» la condamnons.

Les Iansenistes donc abusent de cette Proposition qu'ils ont tirée du huitiéme liure de la grace du Sauueur chapitre vingt-vniéme, & qu'ils ont citée comme contraire à la quatriéme Proposition condamnée par les Papes. Voicy les termes de cette Proposition qu'ils citent : *Augustino* " *verè Dominus ita mouet voluntate, vt quamuis infallibiliter* " *conuertatur & operetur, possit tamen motioni Dei refragari* " *aut obtemperare; seu, vt Concilium Tridentinum loquitur, illi* " *dissentire si velit : Potentia quippe dissentiendi non repugnat* " *actuali gratiæ motioni & consensui, quamuis fieri nequeat* " *vt actualis dissensus cùm actuali Dei motione iungatur.* " C'est à dire : Selon saint Augustin le Seigneur excite " tellement la volonté, que quoy qu'infailliblement elle " se conuertisse & agisse, elle peut neantmoins resister à " la motion de Dieu, ou comme parle le Concile de " Trente, n'y pas consentir si elle veut : Car la puissance " de n'y pas consentir ne repugne pas à la motion actuelle " de la grace & au consentement que l'on y donne, quoy " qu'il ne se puisse pas faire que l'actuelle resistance soit " jointe à l'actuelle motion de Dieu. Ceux qui opposent " cette Proposition à la quatriéme que les deux derniers Papes ont condamnée, agissent de tres-mauuaise foy: Car en ce passage Iansenius ne parle en aucune façon de l'heresie des Semipelagiens, mais il veut dire seulement que la grace efficace qui meut la volonté de l'homme ne luy oste iamais la puissance qu'elle a de resister à cette grace si elle le vouloit : Premierement, parce qu'elle ne le veut iamais: Secondement, parce que la puissance de retomber dans le peché demeure toûjours en elle : Et par là il pretend faire voir qu'il ne parle pas comme Caluin, qui dit absolument que la grace rauit à l'homme sa liberté : Ainsi ce passage prouue seulement que la delectation victorieuse de la grace efficace ne nous oste iamais la puissance naturelle que nous auons de nous porter & au bien & au mal, comme Iansenius l'a luy-mesme expliqué dans le chapitre vingtiéme, qui est le chapitre precedent. Mais il ne prouue pas que les Semipelagiens ont esté condamnez comme heretiques, pour auoir dit que l'homme pouuoit croire s'il vouloit sans le mouuement d'aucune grace interieure : L'on ne prouue pas aussi par ce passage que Dieu nous donne dans l'estat de la nature corrompuë des graces ſuffiſantes auſquelles la volonté peut reſiſter ou conſentir : Et par conſequent on ne peut l'oppoſer à la quatriéme Propoſition que les deux derniers Papes ont condamnée.

CHAPITRE XIV.

Explication de la cinquiéme Propoſition.

ENFIN Ianſenius ſoûtient dans la cinquiéme & la derniere Propoſition, que les Theologiens modernes ſont tombez dans l'erreur des Semipelagiens, lors qu'ils ont crû que IESVS-CHRIST auoit prié ſon Pere, & qu'il luy auoit offert ſa Mort pour le ſalut eternel de tous les hommes en particulier, & pour obtenir à tous des graces ſuffiſantes.

„ Voicy comme il raiſonne : L'oblation de la mort & de „ la priere de IESVS-CHRIST ne peut point eſtre vaine: „ Car l'Apoſtre dit de luy : *Il a eſté exaucé pour ſa reuerence:* „ Et luy-meſme dit dans l'Euangile à ſon Pere : *Ie ſçauois* „ *bien que vous m'écoûtez toûjours :* Ainſi ceux pour leſquels „ il eſt mort & pour leſquels il a prié, reçoiuent tous „ l'effet de ſa priere & de ſa mort, entant qu'il a prié & „ entant qu'il eſt mort pour eux : Or les vns reçoiuent la „ foy ſans la charité, ou la charité ſans la perſeuerance: „ Les autres reçoiuent la foy & la charité & la perſeue- „ rance iuſques à la fin : Quant aux premiers, le Fils de „ Dieu n'eſt mort & n'a prié pour eux que pour leur „ obtenir des graces paſſageres : Quant aux ſeconds, le „ Fils de Dieu eſt mort veritablement pour leur ſalut „ eternel : Et parce que l'vtilité de la Mort de IESVS- „ CHRIST eſt peu conſiderable & ſalutaire à ceux qui ne „ ſont retirez du peché que pour vn temps, & qui ne „ reçoiuent pas de Dieu le don de la perſeuerance : De là „ vient, dit Ianſenius, que le Benefice de la Redemption „ appartient proprement aux ſeuls predeſtinez, & que „ les ſaintes Eſcritures le leur applique quaſi toûjours.

C'eſt

C'est la doctrine que cét Autheur enseigne dans le dernier chapitre du troisiéme liure de la grace du Sauueur, qu'il conclut en ces termes : *Quæ sanè cùm in Augustini doctrina perspicua certaque sint, nullo modo principiis eius consentaneum est vt Christus Dominus, vel pro infidelium in infidelitate morientium, vel pro Iustorum non perseuerantium æterna salute mortuus esse, Sanguinem fudisse, semetipsum redemptionem dedisse, Patrem orasse sentiatur : Sciuit enim quò quisque iam ab æterno prædestinatus erat ; sciuit hoc decretum neque vllius pretij oblatione mutandum esse, nec seipsum velle mutare, ex quo factum est vt iuxta sanctissimum doctorem, non magis Patrem pro æterna liberatione ipsorum quàm pro diaboli deprecatus fuerit : Sed si quid pro illis rogauit Patrem, pro temporalibus quibusdam iustitiæ effectibus rogauit, & pro iisdem obtinendis obtulit pretium, fuditque Sanguinem suum ; cuiusmodi oratio & oblatio, quia valde diminuta est, parumque reprobis, multùm verò prædestinatis prodest, vt infrà declarandum est, hinc fluxit vt passim in scriptis suis Augustinus oblationem Sanguinis & mortis & orationum Christi ferè ad solos electos restringere soleat :* C'est à dire : Selon les principes de saint Augustin il est euident & tres-certain que IESVS-CHRIST n'a point prié son Pere, ne s'est point offert en redemption, n'a point versé son Sang, & n'est point mort pour le salut eternel des infideles qui meurent dans leur infidelité, ny pour celuy des Iustes qui ne perseuerent pas iusques à la fin : Car il a connu le lieu où chacun d'eux estoit predestiné, il a connu que ce decret ne se pouuoit changer par quelque oblation que ce pust estre, & luy-mesme ne l'auroit pas voulu changer : C'est pourquoy il n'a pas dauantage prié pour le salut eternel des reprouuez que pour celuy du diable. Ce sont les termes de Iansenius : Ou s'il a prié pour eux, il n'a prié, il ne s'est offert en redemption, il n'a versé son Sang que pour leur obtenir quelques effets temporels de la justice ; c'est à dire, quelques graces passageres : Et parce que ces graces seruent beaucoup moins aux reprouuez qui les reçoiuent qu'elles ne seruent aux predestinez : De là vient que saint Augustin rapporte quasi toûjours dans ses écrits l'obla-

„ tion de la Mort, du Sang & des prieres de Iesvs-„ Christ aux seuls predestinez.

C'est la veritable doctrine de Iansenius, qui dit en suite que l'on ne peut soûtenir le contraire sans tomber dans l'erreur des Semipelagiens : Voicy ses termes : *Nam illa „ extensio tam vaga modernorum scriptorum, non alio ex „ capite quàm ex ista generali & indifferenti voluntate Dei „ erga salutem omnium, & ex illa sufficientis gratiæ omnibus „ conferendæ preparatione fluxit ; quorum vtrumque Augu-„ stinus, Prosper, Fulgentius, & antiqua Ecclesia velut ma-„ chinam à Semipelagianis introductam repudiauit* : C'est à „ dire : Les Theologiens se sont trompez lors qu'ils ont „ estendu si liberalement le Benefice de la Redemption, „ croyans que Dieu auoit vne volonté generale de sauuer „ tous les hommes, & qu'en suite il accordoit à tous des „ graces suffisantes : Car saint Augustin, saint Prosper, „ saint Fulgence, & tous les anciens Peres ont renuersé „ l'vn & l'autre principe comme vne machine fabriquée „ par les Semipelagiens. Ce sont les propres termes de Iansenius.

Ses Disciples ont encore soûtenu cette doctrine, & l'ont enseignée aux Religieuses de Port-Royal : Voicy ce qu'ils en disent : L'Autheur du second manuscrit intitulé, Discours de la grace suffisante, se fait cette objection au commencement du vingt-vniéme chapitre, qui est le „ dernier de ce Discours : Le plus fort argument dont se „ seruent les Scholastiques pour establir la grace suffisan-„ te, est que l'Apostre dit que Iesvs-Christ s'est „ liuré comme vn rachapt pour tous : Car comment peut-„ il estre le Redempteur de tous, s'il n'a pas obtenu vn „ secours suffisant par le moyen duquel tous peuuent estre sauuez ? C'est l'objection qu'il se propose : Voicy la ré-„ ponse qu'il y fait : Ie répons à cét argument, qui est „ celuy dont les Prestres de Marseille, c'est à dire, les „ Semipelagiens, se seruoient : Premierement, par saint „ Prosper qui les a combatus, disant que le rachapt à la „ verité estoit suffisant de sauuer tous les hommes en par-„ ticulier ; mais en effet il n'est efficace qu'à ceux ausquels il est appliqué. Ce sont ses termes. "

Il rapporte en suite le passage de saint Prosper, & puis il continuë : Mais parce que selon cette explication on " pourroit répondre que cette Redemption suffisante " s'estend iusques aux demons, puisque le Sang du Re- " dempteur estoit suffisant pour lauer toutes leurs abo- " minations : Ie répondray plus precisément auec saint " Augustin, que lors qu'il est dit que IESVS-CHRIST " s'est offert pour tous, cela s'entend pour toute l'Eglise " vniuerselle dispersée par tout le monde : Et par conse- " quent pour tous les genres d'hommes, comme nous " auons dit; comme aussi pour toutes les Nations & les " Peuples, selon ce passage de l'Apocalypse : Vous nous " auez racheptez par vostre Sang de toute Tribu, de toute " Langue, de tout peuple & de toute Nation. "

Le mesme Autheur propose en suite quelques passages pour prouuer sa réponse : Et apres il conclud ce chapitre & tout son manuscrit auec ces paroles : La doctrine de " saint Augustin a esté tres-constante en ce point-là que " IESVS-CHRIST n'est point mort, n'a point versé son " Sang, ne s'est point offert & donné en redemption, & " n'a point prié son Pere pour le salut eternel des infideles " mourans dans l'infidelité, ny mesme des Iustes qui ne " perseuerent pas, mais seulement pour quelques graces " passageres qu'il leur vouloit accorder; parce que IESVS- " CHRIST a connu de toute eternité le decret immuable " de son Pere à leur égard, lequel ne deuoit estre changé, " & qu'il n'a pas aussi voulu changer : Ce qui fait qu'il n'a " point prié pour leur salut; ou s'il a prié, ç'a esté pour " leur accorder quelques biens temporels; c'est à dire, " quelques graces passageres, plustost pour seruir aux " predestinez qu'à eux-mesmes : C'est pourquoy saint " Augustin rapporte toûjours la Mort de IESVS- " CHRIST & la volonté de Dieu enuers tous les hom- " mes aux seuls predestinez. De sorte que ne mettant pas " en Dieu cette volonté indifferemment generale & ge- " neralement indifferente pour tous les hommes, il ne " sera point necessaire d'en tirer les graces suffisantes que "

„ les Theologiens nouueaux accordent à tous les hommes
„ auec vne liberalité si indifferente, & auec vne si infru-
„ ctueuse vtilité. Ce sont les termes auec lesquels il finit ce chapitre & tout son manuscrit.

C'est aussi l'heresie que les deux derniers Papes ont condamnée dans leurs Constitutions : Voicy ce que la
„ Bulle dit : La cinquiéme Proposition qui porte que c'est
„ vne erreur des Semipelagiens de dire que IESVS-
„ CHRIST est mort ou a répandu son Sang generale-
„ ment pour tous les hommes : Nous la declarons fausse,
„ temeraire, scandaleuse ; & prise en ce sens que IESVS-
„ CHRIST soit mort seulement pour le salut des prede-
„ stinez, Nous la declarons impie, blasphematoire, con-
„ tumelieuse, qui déroge à la bonté de Dieu, & heretique,
„ & comme telle nous la condamnons.

Les Iansenistes agissent donc de tres-mauuaise foy dans les Propositions qu'ils ont tirées du Liure de Iansenius, & qu'ils ont citées comme contraires à cette derniere Proposition condamnée par les Papes : Ils en ont cité deux qui se trouuent auec la Proposition condamnée dans le troisiéme liure de la grace du Sauueur, chapitre vingt-vniéme : Quant à la premiere, ils ne la rapportent qu'à demy, & ce qu'ils en rapportent, ils ne le traduisent pas entiere-
„ ment : Voicy comme ils la citent : *Pro istis (prædestinatis*
„ *& electis) ab omni malo liberandis rogauit Patrem suum,*
„ *non pro cæteris qui à fide & charitate deficientes in iniqui-*
„ *tate moriuntur : Pro his enim in tantum mortuus est, & in*
„ *tantum propitiatio peccatorum est, & in tantum rogauit*
„ *Patrem, in quantum temporalibus quibusdam diuinæ gratiæ*
„ *effectibus exornandi sunt :* Et plus bas : *Ipsorum (præde-*
„ *stinatorum) liberationem ex massa prædestinationis & sa-*
„ *lutem absolutè voluit ; reliquorum eatenus dumtaxat, qua-*
„ *tenus aliquo temporalis sanctificationis gustu, non nihil ex*
„ *ista salute & liberatione participant :* C'est à dire, selon
„ la traduction qu'ils en ont faite : IESVS-CHRIST est
„ mort pour ceux qui estans décheus de la foy & de la
„ charité meurent dans le peché ; & il est la propitiation
„ de leurs pechez ; & il a prié pour eux son Pere, entant

que quelques effets temporels de la grace leur doiuent « estre communiquez : Et plus bas : Il a voulu par vne vo- « lonté absoluë déliurer les predestinez de la masse de la « perdition, & les faire arriuer au salut; & quant aux autres « il l'a voulu seulement entant qu'ils ont quelque part à ce « salut & à cette déliurance par quelque communication « temporelle de la sanctification. «

Voicy la mesme Proposition comme elle se trouue au long dans le Liure de Iansenius, auec la traduction que l'on doit faire : *Nec enim iuxta doctrinam antiquorum pro* « *omnibus omninò Christus passus aut mortuus est, aut pro omni-* « *bus omninò tam generaliter Sanguinem suum fudit; cùm hoc* « *potiùs tanquam errorem à fide Catholica abhorrentem do-* « *ceant esse respuendum : Omnibus verò illis pro quibus Sangui-* « *nem fudit, & quatenus pro eis fudit, etiam sufficiens auxi-* « *lium donat, quò non solùm possint sed etiam reipsa velint &* « *faciant id quod ab eis volendum & faciendum esse decreuit:* « *Nam per illa occultissimè iusta & iustissimè occulta consilia* « *sua, quibusdam hominibus dare prædestinauit fidem, chari-* « *tatem & in ea perseuerantiam vsque in finem, quos absolutè* « *prædestinatos, electos & saluandos dicimus; aliis charitatem* « *sine perseuerantia, aliis fidem sine charitate : Pro primi ge-* « *neris hominibus, tanquam veris ouibus suis, vero populo suo* « *tanquam absolutè saluando, semetipsum dedit ac tradidit;* « *pro istorum peccatis omnibus omninò delendis, & æterna obli-* « *uione sepeliendis propitiatio est; pro istis in æternum viuifican-* « *dis mortuus est; pro istis ab omni malo liberandis rogauit Pa-* « *trem suum; non pro cæteris, qui à fide & charitate deficientes* « *in iniquitate moriuntur : Pro his enim in tantum mortuus est, &* « *in tantum propitiatio peccatorum est, & in tantum rogauit* « *Patrem, in quantùm temporalibus quibusdam diuinæ gratiæ* « *effectibus exornandi sunt : Cum enim non possit esse inanis obla-* « *tio mortis & propitiationis & oblationis Christi qui de se ipso* « *dicit, Ego sciebam quia me semper audis & Apostolus Pau-* « *lus quòd exauditus est pro sua reuerentia, fieri quoque non* « *potest vt pro quo Sanguinem fuderit Christus & mortuus fue-* « *rit & rogauerit Patrem suum eam ob causam, vt Sanguis* « *suus propitiatio peccatorum eius fieret, non assequatur istius* «

» *mortis & propitiationis & deprecationis effectum : Effectum*
» *verò in istis iam dictis non assequuntur alium nisi temporalis*
» *fidei aut charitatis, sine perseuerantia : Eatenus igitur, & non*
» *aliter, pro illis Christus mortuus est, & Sanguinem fudit, &*
» *propitiatio peccatorum est, & rogauit Patrem suum, vt vi-*
» *delicet illos temporales effectus propitiationis, hoc est, mortis &*
» *Sanguinis & orationis, consequantur :* C'est à dire : L'on ne
» peut pas conclure de la doctrine des anciens Peres que
» Iesvs-Christ ait répandu son Sang, ait souffert, &
» soit mort generalement pour tous les hommes ; au con-
» traire, c'est vne erreur que la foy Catholique a rejettée:
» Quant à ceux pour lesquels il est mort, il leur donne vn
» secours qui n'est pas seulement suffisant, mais efficace ; c'est
» à dire, vn secours qui ne leur donne pas seulement le pou-
» uoir, mais qu'il leur fait encore vouloir tout ce qu'il desire
» d'eux : Car il a resolu de toute eternité par vn redoutable
» & tres-juste conseil de donner à quelques-vns la foy & la
» charité & la perseuerance iusques à la fin : Ce sont ceux
» qu'il a predestinez & élûs à la gloire: Quãt aux autres il leur
» donne seulement la foy sans la charité, ou la charité sans la
» perseuerance : Pour les premiers qui perseuerent iusques à
» la fin, il s'est liuré à la mort, comme pour son veritable
» troupeau ; il s'est offert en propitiation pour effacer &
» pour enseuelir dans vn eternel oubly tous leurs pechez ; il
» est mort pour leur donner la vie ; il a prié son Pere pour
» les deliurer de tout mal : Il n'a pas fait le mesme pour ceux
» qui déchoient de la foy & de la charité & qui meurent
» dans le peché : Car pour ces derniers l'on peut dire seule-
» ment qu'il est mort, qu'il s'est offert en propitiation, &
» qu'il a prié son Pere pour leur accorder quelques effets
» temporels de sa diuine grace : Car l'oblation de la mort
» de la propitiation & de la priere de Iesvs-Christ
» ne peut pas estre vaine : Car c'est luy-mesme qui a dit à
» son Pere : *Ie sçauois bien que vous m'écoutez toujours :* Saint
» Paul a dit aussi, *qu'il a esté exaucé pour sa reuerence :* Il est
» donc impossible que celuy pour lequel il a versé son Sang,
» pour lequel il est mort, & pour lequel il a prié son Pere ne
» reçoiue l'effet de sa mort, de sa propitiation & de sa priere.

Or tout l'effet que les reprouuez en reçoiuent est celuy « d'vne foy temporelle, ou d'vne charité dans laquelle ils ne « perseuerent pas iusques à la fin : Ainsi l'on peut dire seulement « que IESVS-CHRIST est mort & a versé son « Sang & s'est offert en propitiation & a prié son Pere « pour leur obtenir ces graces passageres, & non pas autrement « : Ce sont les propres termes de Iansenius, qui dit plus « bas : *Cùm igitur vtilitas illa mortis & Passionis & redemptionis* « *valde exigua sit, qua quispiam temporaliter tantùm* « *ab infidelitate per fidem, aut ab iniquitate per iustitiam defectu* « *perseuerantiæ redimitur; & huiusmodi instabilis & imperfecta* « *sanctificatio potiùs aliis quos elegit Deus ante constitutionem* « *mundi, quàm illis ipsis qui accipiunt eam temporaliter* « *profit; hinc fit vt proprietas quoque redemptionis &* « *propitiationis istis electis & reipsa saluandis maximè competat,* « *& pro illis etiam plerumque Christus absolutè mortuus fuisse* « *& Sanguinem fudisse aliaue redemptionis beneficia fecisse* « *dicatur: Quod vsque adeo in ipsius doctrina verum est, vt passim* « *omnes locutiones sacrarum Literarum quæ quandam vniuersitatem* « *effectuum passionis aut mortis aut redemptionis* « *aut diuinæ gratiæ insinuant ad solos prædestinatos reuocet ac* « *restringat: Nempè quia ipsorum liberationem ex massa perditionis* « *& salutem absolutè voluit; reliquorum eatenus dumtaxat,* « *quatenus aliquo temporalis sanctificationis gustu nonnihil* « *ex ista salute & liberatione participant* : C'est à dire: « Et dautant que ce benefice de la redemption de IESVS-« CHRIST n'est pas considerable pour ceux qui ne sont « racheptez de leur infidelité ou de leurs pechez que pour « vn temps, & que toutes ces graces temporelles sont moins « vtiles à ceux qui les reçoiuent qu'aux autres qui sont predestinez « : De là vient que la proprieté de la redemption « de IESVS-CHRIST appartient proprement aux élûs, & « qu'il est vray de dire quelquesfois qu'il n'a versé son Sang « & qu'il n'est mort absolument que pour eux. Ce qui est si « vray dans la doctrine de S. Augustin, que ce Pere rapporte « quasi toûjours aux seuls predestinez tous les passages de « l'Escriture-Sainte, qui estendent le benefice de la redemption « de IESVS-CHRIST sur tous les hommes; «

„ Car ce ſont les élûs que Dieu a voulu abſolument tirer
„ de la maſſe de perdition pour les faire arriuer au ſalut.
„ Quant aux autres, il l'a voulu ſeulement entant qu'ils
„ participent à ce ſalut & à cette déliurance par quelque
„ goût temporel de la ſanctification qu'il leur accorde.
C'eſt la traduction fidele de ce paſſage, qui ne dit rien que l'on puiſſe oppoſer à la cinquiéme Propoſition condamnée par les Papes. Car en ce paſſage Ianſenius dit ſeulement que IESVS-CHRIST eſt mort pour accorder aux reprouuez quelques graces temporelles, comme la foy ſans la charité, ou la charité ſans la perſeuerance: Mais il ne dit pas que IESVS-CHRIST ſoit mort pour le ſalut de quelques-vns qui ne ſont pas predeſtinez. Au contraire, il le nie: Car il dit expreſſément que IESVS-CHIST n'eſt mort que pour leur obtenir quelques graces paſſageres, & non pas autrement: *Eatenus & non aliter pro illis Chriſtus mortuus eſt*; qui eſt neantmoins ce que les deux derniers Papes ont condamné.

La ſeconde Propoſition qu'ils ont citée eſt celle-cy:
„ *Reſpondeo igitur quando Chriſtus ab Apoſtolo dicitur re-*
„ *demptionem ſemetipſum dediſſe pro omnibus, in cruce vide-*
„ *licet pro omnibus moriendo, ab aliquibus intelligi quòd ſe*
„ *dederit redemptionem, ἀντίλυτρον id eſt pretium pro omni-*
„ *bus omninò efficienter; quia ſufficiens pretium obtulit; non*
„ *tamen pro omnibus omninò efficienter, quia non onmibus ap-*
„ *plicatur iſta redemptio, idque iuxta regulam à ſancto Proſ-*
„ *pero diuerſis locis traditam, vt ad objectionem primam Vin-*
„ *centianam: Quod ad magnitudinem & potentiam pretij, &*
„ *quod ad vnam pertinet cauſam generis humani, Sanguis*
„ *Chriſti eſt redemptio totius mundi*: C'eſt à dire, ſelon la tra-
„ duction qu'ils en ont faite: Ie répons que quand l'A-
„ poſtre dit que IESVS-CHRIST s'eſt donné en re-
„ demption pour tous; cela eſt entendu par quelques-vns
„ qu'il s'eſt donné en redemption, ou comme vn prix
„ pour tous en particulier ſuffiſamment, parce qu'il a
„ offert à ſon Pere vn prix ſuffiſant; mais non pas pour
„ tous en particulier efficacement, parce que cette
„ redemption n'eſt pas appliquée à tous en particulier,

ce

ce qui est conforme à la regle que saint Prosper a establie en plusieurs lieux, comme dans la réponse à la premiere objection de Vincent : Quant à la grandeur & à la vertu du prix, dit ce Saint, & en considerant la cause qui est commune à tout le genre humain, le Sang de IESVS-CHRIST est la redemption de tout le monde.

Les Iansenistes ne peuuent se seruir de ce passage, ny le citer comme contraire à la cinquiéme Proposition condamnée par les Papes, pour deux raisons : La premiere est que Iansenius témoigne assez qu'il ne reçoit point cette solution de saint Prosper : Voicy ce qu'il en dit : *Solutio ista facilis est : Sed quia alioquin etiam pro dæmonibus (Christum) se dedisse redemptionem dici posset, quibus redimendis sine dubio pretium Sanguinis eius est sufficiens ; ac denique quia Prospero antiquior ac doctior Augustinus, nunquam in scriptis suis fatetur Christum pro omnibus, nullo excepto, se dedisse redemptionem, vel crucifixum esse, vel mortuum, sed tantummodo pro illis, quibus mors eius profuit, qui certo modo multi & omnes sunt, hinc genuinius veriusque respondemus Christum dici se dedisse redemptionem pro omnibus, hoc est, pro vniuersa sua Ecclesia toto orbe dispersa, & consequenter pro omnibus hominum generibus, Regibus, priuatis, nobilibus & ignobilibus &c. pro vt superiori capite ex Augustino declarauimus : Itemque pro omnibus, hoc est, pro hominibus omnium nationum, linguarum & gentium, Iudæis videlicet ac gentilibus, ex quibus congregatur vniuersus populus Dei :* C'est à dire : Cette solution de saint Prosper paroist facile : Mais si on la receuoit, on pourroit dire que IESVS-CHRIST s'est offert en redemption pour les demons, puisque son Sang est vn prix suffisant pour les rachepter de tous leurs crimes : Secondement, saint Augustin qui est plus ancien & plus docte que saint Prosper n'a iamais reconnu ny accordé dans ses écrits que IESVS-CHRIST fust mort & qu'il se fust offert en redemption generalement pour tous les hommes, mais seulement pour ceux ausquels sa mort a profité : C'est pourquoy lors que l'Escriture dit que IESVS-CHRIST s'est offert en redemption pour tous les hommes, Nous pouuons répondre plus naturellement

„ & plus veritablement, que ce passage se doit entendre de
„ l'Eglise vniuerselle qui est répanduë par tout le monde;
„ c'est à dire, pour tous les hommes de quelque condi-
„ tion, de quelque sexe, de quelque âge & de quelque
„ nation qu'ils puissent estre. Ces paroles nous font assez connoistre que Iansenius n'approuue pas la solution de S. Prosper, puis qu'il ne la iuge pas conforme à la doctrine de saint Augustin, & puis qu'il dit que l'on en peut donner vne plus naturelle.

La seconde raison pour laquelle ie dis que ce passage ne peut estre opposé à la cinquiéme Proposition condamnée par les Papes, est que Iansenius dit que l'on ne peut rien conclure de cette solution de saint Prosper, sinon que IESVS-CHRIST a offert à son Pere vn prix qui est suffisant en soy pour la redemption de tous les hommes, parce que ce prix est infiny: Mais il ne dit pas que l'on peut croire que IESVS-CHRIST ait offert ce prix generalement pour tous les hommes sans tomber dans l'erreur des Semipelagiens: Il ne dit pas aussi que IESVS-CHRIST se soit offert pour le salut de quelques-vns qui ne sont pas predestinez; & neantmoins c'est ce qu'il deuroit dire pour parler conformement à ce que les Catholiques croyent & à ce que les deux derniers Papes ont decidé.

CHAPITRE XV.

Les Iansenistes se contredisent dans leurs écrits.

PREMIERE CONTRADICTION.

Ils ont reconnu autresfois que les Propositions condamnées par les deux derniers Papes estoient dans le Liure de Iansenius: Ils disent le contraire presentement.

IE remarque dans les écrits des Iansenistes quatre contradictions qui me paroissent considerables sur le sujet que nous traittons: Ils se contredisent premierement, lors qu'ils disent que les Propositions condamnées par les deux derniers Papes ne se trouuent point dans le Liure de Iansenius : Car autresfois ils ont reconnu qu'elles y estoient : Ils ne peuuent pas desauoüer vn Liure intitulé: *Examen libelli cui titulus est : Propositiones excerptæ ex Augustino Reuerendissimi Domini Cornelij Iansenij Episcopi Iprensis quæ in specimen exhibentur suæ Sanctitati ; Louanij an. 1646.* C'est à dire : L'Examen d'vn Liure qui a pour titre les Propositions tirées de l'Augustin du Reuerendissime Cornelius Iansenius Euesque d'Ipre, que l'on presente à sa Saincteté : Imprimé à Louuain en l'année 1646. L'excerpteur, c'est à dire, celuy qui auoit fait l'extrait de ces Propositions pour les faire condamner, reproche aux Iansenistes que la premiere Proposition se trouue dans le Liure de Iansenius : Voicy ses termes : *Nihil est in doctrina sancti Augustini certius & fundatius quàm esse præcepta quædam quæ hominibus non tantùm infidelibus, excæcatis, obduratis, sed Fidelibus quoque & Iustis volentibus, conantibus secundùm præsentes quas habent vires, sunt impossibilia ; deesse quoque gratiam qua fiunt possibilia : Ita Iansenius tomo 3. lib. 3. de gratia cap. 13. paulò pòst medium :* C'est à dire : Il est tres-éuident & tres-certain dans la doctrine de saint Augustin que quelques Commandemens sont impossibles aux hommes, non seulement aux infideles, aux aueuglés, aux endurcis ; mais encore aux Fideles & aux Iustes qui veulent & qui taschent auec les forces presentes qu'ils ont de les garder, & la grace leur manque pour leur rendre possibles: Iansenius l'a ainsi enseigné dans le troisiéme liure de la grace du Sauueur, chapitre treiziéme. C'est l'objection que cét Autheur propose aux Iansenistes: Voicy la réponse qu'ils y font : *Sic est, hoc dicit Iansenius ; sed tanta mole euidentissimorum testimoniorum sancti Augustini id firmat, vt vecors aut imprudens sit, qui sanctissimum istum Patrem id sentire negare ausit :* C'est à dire : Il est vray, Iansenius le dit, mais tous les passages qu'il a citez de saint Augustin pour le prouuer sont en si grand nombre, & sont si clairs, que ce seroit vne extreme im-

„ prudence & folle de dire que ce saint Pere eut d'autres sentimens. Ce sont leurs propres termes, & quant à l'objection & quant à la réponse : Ie leur demande donc si cette premiere Proposition se trouuoit autresfois dans le Liure de Iansenius, pourquoy ne s'y trouue-t'elle plus presentement ?

CHAPITRE XVI.

SECONDE CONTRADICTION.

Les Iansenistes disoient autresfois que le sens de Luther & de Caluin estoit vn sens heretique, que l'on attribuoit malicieusement aux cinq Propositions, & que leur sens naturel estoit celuy de Iansenius : Ils disent le contraire presentement.

LA seconde Contradiction des Iansenistes est dans le sens qu'ils donnent à ces Propositions : Car auant qu'elles eussent esté condamnées par les Papes, tous les Iansenistes ont soutenu qu'elles estoient bonnes : Leurs Deputez ont entrepris le voyage de Rome pour les deffendre ; Leurs Docteurs ont écrit que le sens de Luther & de Caluin estoit vn sens heretique qu'on leur attribuoit malicieusement, & que leur sens naturel estoit celuy de Iansenius : Ils ne peuuent le nier sans desauoüer ce qu'ils ont dit dans la distinction abregée des cinq Propositions. Voicy comme ils parlent dans la Preface de cet écrit : Il „ est certain que la contestation qui se voit maintenant „ dans l'Eglise sur le sujet de ces Propositions n'est pas à „ l'égard d'vn sens estranger & mauuais que l'on pourroit „ donner, & que nous rejettons, mais à l'égard d'vn sens „ legitime que nous deffendons, & à l'égard de la foy „ Catholique qui s'y trouue contenuë. Et c'est de ces „ Propositions prises dans le sens legitime & Catholique „ que nous attendons vn jugement clair & decisif. Ce sont les termes dont ils se seruent dans la Preface : Et peu aprés, lors qu'ils donnent trois sens à chacune de ces Propositions, ils écriuent sur le premier, qui est celuy de Luther & de Caluin : *Le sens heretique que l'on pourroit* " *donner malicieusement à cette Proposition, qu'elle n'a pas* " *neantmoins quand on la prend comme elle doit estre prise.* Ils " écriuent encore sur le second, qu'ils pretendent estre indubitable dans la doctrine de saint Augustin, & appartenir à la foy de l'Eglise, & qu'ils disent estre celuy de Iansenius: *La Proposition dans le sens que nous l'entendons & que nous* " *la deffendons.* Ainsi selon leurs premiers sentimens le sens " de Luther & de Caluin estoit vn sens que l'on attribuoit malicieusement à ces Propositions, & leur sens legitime estoit celuy de Iansenius : Mais presentement ils disent le contraire : Car ils soûtiennent que le sens de Luther & de Caluin est le sens propre & naturel de ces Propositions ; & au contraire ils disent que le sens de Ians. est vn sens qui leur est estranger ou qui leur est moins propre & naturel. Voicy leurs propres termes dans la réponse qu'ils ont faite à mon premier écrit : Il est vray (disent-ils) que les Propositions prises dans vn sens moins propre & moins naturel " se pourroit rapporter au sens de Iansenius, parce qu'elles se peuuent rapporter dans le sens moins naturel & " moins literal à la grace efficace & à la doctrine de saint " Augustin & de saint Thomas : Mais estant certain par le " consentement de toute l'Eglise, par la declaration du " Pape & par l'aueu mesme des Iesuites, que les Propositions ne sont point condamnées au sens de la grace efficace qui se soûtient tous les iours dans toute l'Eglise, & " deuant le Pape mesme : Il est certain aussi que le sens de " Iansenius qui ne consiste qu'en cette doctrine n'a point " esté condamné ; & que partant le Pape y a condamné " vn autre sens qu'il a crû par vn simple erreur de fait " estre celuy de Iansenius, il l'a marqué luy-mesme dans " la premiere Proposition qu'il a condamnée, comme le " Concile de Trente & par rapport au Concile de Trente, en disant qu'elle a esté déja frappée d'Anatheme : " *Anathemate damnatam declaramus* : Ce qui a vn rapport " visible à l'Anatheme prononcé dans le Concile de " Trente contre l'impossibilité des Commandemens en- "

„ feignée par Luther & par Caluin : D'où s'ensuit que les „ deffenseurs de Iansenius ne soûtenans point l'erreur de „ Luther & de Caluin, ils ne soûtiennent point l'erreur „ condamnée. Ce sont les derniers sentimens des Iansenistes : Ie leur demande comment ils les accordent auec les premiers : O que ces Propositions sont admirables dans le changement qui leur est arriué ! Auant leur condamnation, les Iansenistes ont soûtenu qu'elles estoient bonnes. Apres leur condamnation, ils veulent que l'on croye qu'ils n'en ont iamais entrepris la deffense : Auant leur condamnation elles estoient dans le Liure de Iansenius: Apres leur condamnation elles ne s'y trouuent plus : Auant leur condamnation, leur sens propre & naturel n'estoit pas celuy de Luther & de Caluin, mais celuy de Iansenius: Apres leur condamnation, leur sens propre & naturel n'est plus celuy de Iansenius, mais celuy de Luther & de Caluin.

I'ay donc eu raison de dire dans mon premier écrit que le saint Siege a condamné les cinq Propositions dans le mesme sens qu'ils les ont soûtenuës; c'est à dire, dans le sens de Iansenius ; Et pour le prouuer, ie fais contre eux cét argument: Le Pape a condamné les cinq Propositions dans leur sens propre & naturel, comme vous dites presentement dans tous vos Liures, & en particulier dans la réponse que vous auez faite à mon écrit, page 4. & page 8. Or le sens propre & naturel de ces Propositions est celuy de Iansenius, & non pas celuy de Luther & de Caluin, comme vous auez dit dans la distinction abregée des cinq Propositions, dans la Preface & dans la suite de cét écrit depuis la page 5. iusques à la page 10. Donc ou ce que vous dites presentement ne s'accorde pas auec ce que vous auez dit autresfois, ou il est vray de dire que le saint Siege a condamné les cinq Propositions dans le sens de Iansenius, & non pas dans celuy de Luther & de Caluin.

Monsieur de saint Amour a bien preueu la force de cette objection ; C'est pourquoy il dit dans la sixiéme partie de „ son Iournal, chapitre vingt-vniéme, page 457. Qu'il ne „ faut pas considerer dans vne Proposition le sens naturel propre & rigoureux des paroles, lors que personne ne les « soûtient dans ce sens naturel propre & rigoureux; mais « que l'on doit dire que le sens communément entendu de « ces paroles, quoy que moins propre de soy, est neant- « moins le sens literal, legitime & veritable, comme dans « vne infinité d'expressions figurées de l'Escriture, on ne « doit pas prendre le sens propre de ces paroles pour le sens « veritable & legitime, mais seulement celuy qui est enten- « du & signifié par le saint Esprit. Ce sont ses propres ter- « mes : Il voit bien neantmoins que cette distinction est trop obscure pour estre bien receuë, & que l'exemple de toutes ces expressions figurées ne peut s'appliquer aux Propositions dont il s'agit : C'est pourquoy il aime mieux reconnoistre sa faute, quoy qu'il y ait assez de peine : Il dit donc vn peu apres : Qu'il ne preuoyoit pas ce qui est arriué, que ses Confreres n'estoient pas dans le mesme sentiment, & que son indiscretion les a engagez mal à propos dans cette affaire : Mes Collegues, dit-il, estoient « d'auis qu'en representant le mauuais sens de ces Proposi- « tions, l'on dist seulement : *Sensus hæreticus Propositionis*, « le sens heretique de la Proposition, ou bien *sensus qui* « *Propositioni affigi posset*, le sens que l'on pourroit attribuer « à cette Proposition : Ie resistay à ce conseil; & ce fut moy « qui fut la cause que l'on dit : *Sensus qui malignè affigi posset*, « *quem tamen legitimè sumpta non habet* ; le sens que l'on peut « attribuer malicieusement à cette Proposition, qu'elle n'a « pas neantmoins si l'on la prend dans son sens legitime. Ce « que ie fis, dit-il, pour deux raisons; Premierement, parce « que la connoissance que i'auois de la Cour de Rome me « faisoit iuger que rien n'estoit plus capable de l'estonner « que la fermeté & la confiance auec laquelle nous parle- « rions; Secondement, parce que i'auois peur qu'vn procedé « tremblant n'attirast vne censure qui causeroit vn grand « mal par l'abus que les Iesuites en feroient. Ce sont ses pro- « pres termes dans la sixiéme partie de son Iournal, chapitre vingt-vniéme, page 458. Cependant cette distinction abregée des cinq Propositions fut imprimée, tous ceux du party la receurent; leurs Deputez la presenterent au

Pape : Et presentement ils desauoüent ce qui y est écrit. N'est-ce pas se joüer du Pape & de toute l'Eglise?

CHAPITRE XVII.

TROISIESME CONTRADICTION.

Ils disoient autresfois que l'on ne deuoit pas considerer si l'authorité du Pape & des Euesques estoit infaillible pour y soûmettre son iugement : Ils disent le contraire presentement.

PETRVS Aurelius, qui n'est pas vn Autheur suspect aux Iansenistes, parle en ces termes de la soûmission que les Fideles sont obligez de rendre à leurs Euesques dans le Liure qu'il a fait pour deffendre la Lettre des Eues-
„ ques de France p. 33. *Sed obijcit fictitia Ecclesia decretum*
„ *Illustrissimorum Antistitum non esse certum fidei dogma, non*
„ *esse infallibile : Ideo ne non colendum, non verendum, non au-*
„ *diendum? An infallibiles solùm Episcopos audiri vult Chri-*
„ *stus? An infallibiles solùm Episcopos Ecclesiæ Pastores Docto-*
„ *resque posuit in consummationem Sanctorum, in ædifica-*
„ *tionem corporis Christi, vt non simus fluctuantes omni vento*
„ *doctrinæ? Exceptio inepta est, noua, Iesuitica, à nullo quod*
„ *constet hæreticorum aduersùs Episcoporum Concilia, non*
„ *generalia tantùm, sed particularia quoque, quibus tot hæ-*
„ *reses deletæ sunt, ad hoc vsque tempus opposita : Quis enim*
„ *vnquam hæreticorum Concilia Episcopalia hoc solo nomine*
„ *elusit quòd diceret non esse infallibilis autoritatis? Quando*
„ *ita argumentati sunt Nouatus, Pelagius, Arius, tot alij*
„ *hæretici quos Episcopi in Prouinciis primùm damnarunt?*
„ *Nemo hoc effugio vsus est : Omnes vel obreptum Episcopis, vel*
„ *sibi calumnias inflictas, vel aliàs causationes, quas etiam*
„ *mutuati sunt Iesuitæ, quibusque non particulares solùm*
„ *sed generales etiam Synodos ludificari solebant, protulerunt,*
„ *vel exerto ore & hæreticâ petulantiâ reclamarunt : Etsi*
„ *enim quantum inter generales Synodos & particulares in-*
„ *tersit, nunquam nescierit Ecclesia superiorumque temporum*
Christiani,

Christiani, eas tamen summo semper, indiscreto, tantùmque «
non pari honore habitas fuisse; quandiu Ecclesia palam non «
intercederet, ex perpetua Ecclesiæ obseruatione manifestum est: «
Non enim quærebatur illis temporibus, quænam Episcoporum «
Concilia errori obnoxia, quænam certæ veritatis essent: Omnes «
omnia colebant, omnia venerabantur, vt Pastorum vocem, vt «
Magistrorum Ecclesiæ doctrinam, vt eorum quibus dictum esset, «
Qui vos audit, me audit: Non perscrutabantur, non diiudica- «
bant, sed piè, humiliter, quietè suscipientes eorum iudicium «
Deo, Ecclesiæ, relictum esse, non priuatis, non ouibus, non iis «
qui nulla inquirendi potestate præditi essent, arbitrabantur: «
Itaque Priscillianam doctrinam, postquam à Synodo Cæsar- «
augustana damnata est, Origenisticam, postquam ab Ale- «
xandrina, Eutychianam, postquam à Constantinopolitana sub «
Flauiano habita, Arianam denique postquam ab Alexandri- «
na, vt aliàs prætercam, nemo Catholicus hæreses esse negauit, «
earumue susceptores hæreticos, etiamsi solis Episcoporum «
Prouincialium iudiciis damnati essent: Beato Alexandro «
Arium repudiante, qui mansere cum Alexandro, mansere Ca- «
tholici: Qui verò cum Ario recesserunt, Saluatoris nomen Ale- «
xandro cum suis reliquerunt, atque ipsi deinceps Ariani vocati «
sunt, inquit Athanasius: At si quis eo tempore Iesuita vel «
Origenistis vel Priscillianistis vel Eutychianis suggessisset «
Episcopos falli posse, vniuersi cum Bernardo respondissent: Quid «
hoc refert tua, qui conscius non es? præsertim cùm teneas de «
Scripturis, quia labia Sacerdotis custodiunt scientiam, & legem «
ex ore eius requirunt, quia Angelus Domini exercituum est? «
Requirunt dixerim legem, non quam vel authentica vlla Scri- «
ptura tradiderit, vel ratio manifesta probauerit: De huius- «
modi quippe nec Præceptor expectandus, nec prohibitor aus- «
cultandus est; sed quod ita latere aut obscurum esse cognosci- «
tur, vt in dubium venire possit, vtrum nam Deus hoc aut aliter «
fortè velit, si non de labiis custodientibus scientiam, & ex ore «
Angeli Domini exercituum certum reddatur: A quo denique «
potiùs diuina consilia requirentur quàm ab illo cui credita est «
dispensatio mysteriorum Dei? Ipsum proinde quem pro Deo ha- «
bemus tanquam Deum in his quæ apertè non sunt contra Deum, «
audire debemus: Hi fuere sensus, hæc pietas, hic in Deum & «

P

» *Dei Præſules honor meliorum Chriſtianorum, & ipſorum quidem vt vidimus hæreticorum : Tanta enim per omnem Eccleſiam, tam humilis, tam caſta in Epiſcopos Eccleſiæ Patres obſeruantia percrebuerat, vt eius etiam veſtigia in transfugis hæreticis remanerent : Hæc igitur cauillatio quam nec Catholici nec hæretici antiquiorum temporum agnorunt à Ieſuiticis ſcholis oritur, poſtquam penè omnis Eccleſiaſticæ diſciplinæ cognitio & vſus, ſacrarum poteſtatum reuerentia, Catholica humilitas & pudor ab illis exceſſit.*

» C'eſt à dire : Nos aduerſaires diront peut-eſtre que l'on n'eſt pas obligé de ſe ſoûmettre aux Eueſques, parce que leur authorité n'eſt pas infaillible ; ny par conſequent ſuffiſante pour eſtablir vn dogme de foy : C'eſt l'objection qu'il ſe propoſe : Voicy la réponſe qu'il y fait : Cette objection eſt vaine & ridicule, & ne peut eſtre propoſée que par vn Ieſuite : Car quels heretiques ont iamais oſé dire qu'ils n'eſtoient pas obligez de ſe ſoûmettre aux Conciles des Eueſques, parce qu'ils n'auoient pas vne infaillible authorité ? Donatus, Pelagius, Arius, & tous les autres heretiques que les Eueſques ont condamnez dans leurs Prouinces ont-ils argumenté de cette ſorte ? Les vns ont dit qu'on les auoit calomniez : Les autres ſe ſont plains de ce que l'on auoit ſurpris leurs Iuges : Les plus hardis ſe ſont declarez apres leur condamnation & ont ſoûtenu publiquement leur hereſie : Car encore que les Catholiques qui viuoient dans les premiers ſiecles connuſſent bien qu'il y auoit vne grande difference entre les Conciles generaux & entre les Conciles particuliers, ils ne laiſſoient pas de s'y ſoûmettre auec indifference, ſelon la tradition vniuerſelle de l'Egliſe, & de leur rendre à tous vn pareil honneur, pendant que l'Egliſe ne s'y oppoſoit point : Ils ne cherchoient point en ce temps-là quels eſtoient les Conciles infaillibles, & quels eſtoient les autres qui pouuoient ſe tromper : Ils les honoroient tous ; ils les receuoient tous ; ils les écoûtoient comme la voix de leurs Paſteurs, comme la doctrine de leurs Maiſtres, comme la Sentence de ceux dont le Fils de Dieu dit dans l'Euangile, Qui vous écoûte, m'écoûte : Ils n'examinoient point la definition de leurs Superieurs, parce qu'ils ne croyoient « pas que les particuliers eussent cette puissance; mais ils se « soûmettoient auec pieté, auec humilité, auec paix; parce « qu'ils en abandonnoient le iugement à Dieu & à l'Eglise « Catholique : Lors que les Priscillianistes eurent esté con- « damnez dans le Concile de Saragosse, les Ariens dans « celuy d'Alexandrie, les Eutychiens dans celuy de Con- « stantinople, qui fut tenu sous Flauian, tous les Catholi- « ques crurent qu'ils estoient heretiques, quoy qu'ils eussent « esté condamnez seulement dans des Conciles Prouinciaux « qui n'ont pas vne infaillible authorité : De là vient qu'A- « rius ayant esté condamné & excommunié par Alexandre « son Euesque, saint Athanase a remarqué que ceux qui de- « meurerent auec Alexandre furent appellez les Catholi- « ques : Et qu'au contraire, ceux qui s'en separerent pour « s'attacher à Arius furent appellez les Ariens : Si quelqu'vn « donc en ce temps-là eût dit aux Ariens, ou aux Origenistes, « ou aux Priscillianistes, ou aux Eutychiens, répondez que « les Euesques ne sont pas infaillibles : Tous les Catholiques « se seroient éleuez contre luy, & luy auroient dit auec saint « Bernard : Pourquoy vous mettez-vous en peine d'exami- « ner ce que dit vostre Superieur, puisque vous n'estes pas « assuré qu'il s'est trompé ? Que vous importe si vous ne le « sçauez pas ? L'Escriture vous assure que les lévres du « Prestre gardent la science, & que les peuples recherchent « de sa bouche la Loy, parce qu'il est l'Ange du Seigneur des « armées : S'ils recherchent la Loy, ce n'est pas celle que « l'Escriture leur propose, ou que la raison leur fait con- « noistre clairement; parce qu'ils n'ont pas besoin en cette « occasion de Maistres qui leur commandent ou qui leur « deffendent de l'écoûter : C'est celle qui leur est si cachée, « qu'elle les laisse dans le doute de ce que Dieu desire d'eux, « s'ils ne consultent ces lévres qui gardent la science, & « cette bouche de l'Ange du Seigneur pour en estre assurez : « Car à qui pourroient-ils s'addresser plus raisonnablement « pour connoistre la volonté de Dieu, qu'à celuy à qui Dieu « a confié la dispensation de ses Mysteres ? Nous deuons « donc respecter le Prelat comme Dieu, & luy obeïr com- «

» me à Dieu mesme en tout ce qui n'est pas contre Dieu.

» Aurelius adjoûte en suite : Ce sont les sentimens des » premiers Catholiques ; c'est la Religion ; c'est la pieté ; » c'est l'honneur que l'on rendoit en ce temps-là aux Pre- » lats de l'Eglise : Car le respect qu'on leur portoit estoit si » grand, & la soûmission que l'on auoit pour eux estoit si » humble & si sincere, qu'il en paroist quelque vestige dans » la conduite mesme des heretiques qui n'ont iamais osé ré- » pondre que l'on n'estoit pas obligé de se soûmettre à ses » Superieurs, parce qu'ils n'auoient pas vne infaillible au- » thorité : Cette défaite que tous les Catholiques des pre- » miers siecles, & que les heretiques mesme ont ignorée, a » esté trouuée dans l'échole de ceux qui n'ont aucune con- » noissance ny aucun vsage de la discipline de l'Eglise, qui » n'ont aucune humilité, aucune modestie, aucun respect » pour les Puissances les plus Augustes & les plus Saintes. Ce sont les paroles d'Aurelius.

[a] Aurelius in octo censūs spongiæ preambulas pro sacra Theologia Parisiensis Facultate pag. 236.

Le mesme Autheur parle encore en ces termes, [a] lors qu'il répond à ceux qui se plaignoient de ce que la Faculté de Paris ne rendoit point raison de ses Censures : *Quibus » argumentis probata est in Synodo Oecumenica Lateranensi » Albigensium aliorumque hæreticorum damnatio ? Quibus Pa- » trum argumentis Begardos & Beguinas pluresque similes con- » futauit Concilium Viennense ? Quid rationum in Almarici hæ- » reses editum est à Lateranensi Concilio quarto ? Quid à Constan- » tiensi in Vuiclefum, in Hussium, in Hieronymum Pragensem ? » At tu hæc omnia Pythagorico iure decreta dicesinanique verbo- » sitate ? Non enim conuenit te vsitata hæreticis in sanctiones illas » verba fugere, quorum sensus adamasti : Sic nempè Caluino » ludere visum est in Synodum Tridentinam, sic Luthero in Leo- » nem Papam, sic Regi Angliæ Iacobo in Breue Pauli quinti, » quo iuramentum fidelitatis vetitum est, in quo Pontificem præ- » ceptis non rationibus agentem ita carpit, Huc vetus dictū qua- » drat quòd de Philosopho circum fertur, multa dicit, sed pauca » probat, imò verò nihil omninò probat .... Cuiuis homini » tantum credi debet, quantum probat : Vnde si Theologiæ Fa- » cultatibus non plus authoritati fideique relinquitur, quàm ar- » gumenta prolata euicerint, pares illis fiunt dignitate ac fide in Theologiæ decretis infimi quiuis homunciones : Cùm autem præcipua eis in eiusmodi rebus ob spectatam eruditionis præstantiam potestas mandata sit, vt de iis pronuncient, non quasi vulgares, sed vt Magistri Doctoresque secundarij Episcoporum, & post eos primi ; facilè intelligitur constare eorum decretis suum robur, sola ipsa quam obtinent Ecclesiæ authoritate .... Quantò magis idem Episcopis concedendum, qui Ecclesiæ Doctores à Deo dati, Magistri, Patres, Pastores sunt: Rerum autem diuinarum & ab humano captu altissimarum, non semper rationes discipulo præbere necesse est, cùm in humanis disciplinis multò minoribus, hominique propioribus, credere discipulos oporteat : Nec filiis rationem debent Patres, nec Pastores ouibus ; nisi vbi parens pro suo in filios amore maturaque prudentia, eorum interesse videt vt quid agat, præcipiatque, iis exponat, quo alacriùs constantiusque obsequantur : Hinc iubetur Episcopus præcipere & docere, quasi docendo præcipiat, & præcipiendo doceat, propositâ nimirum doctrinâ, quam ipsa Doctoris autoritate suscipere quemque necesse sit, nisi eum perspicuè prolapsum, minimeque ambiguè constet......... Librorum censori cuiuis censuras suas verbo absoluere licet, celeberrimis Theologorum Facultatibus non licebit? .... Sic censores omnes, etiam priuati solent; sic vos ipsi, sic approbatores vestri fecerunt? Sic Pariensis Facultas Libros vestros, de quibus Sententia eius quærebatur, improbauit; sic Antonium de Dominis, sic Caluinum, sic Lutherum, sic olim innumeros errores abiecit; sic eius exemplo censuras edere consueuerunt Catholicæ per totum orbem, perque omnia, post natas Academias, sæcula, Facultates.* «

C'est à dire : Ce n'est pas la conduite de la Faculté de Paris, mais de toute l'Eglise que vous blâmez : Les Conciles n'ont-ils pas condamné plusieurs fois les heretiques sans se croire obligez à leur rendre raison ? Le Concile Oecumenique de Latran en a vsé de cette sorte contre les Albigeois : Le Concile de Vienne contre les Begards & les Beguines : Le Concile quatriéme de Latran contre l'heresiarque Almaricus : Le Concile de Constance contre Vviclef, Husse, & Hierosme de Prague : Oseriez-vous répondre que ces Conciles se sont attribuez le droit de

» Pythagore, qui obligeoit ses disciples à le croire sans leur prouuer ce qu'il disoit ? Les heretiques se sont seruis de cette raillerie : Caluin contre le Concile de Trente : Luther contre le Pape Leon : Et le Roy d'Angleterre contre le Bref de Paul cinquiéme, disant qu'il auançoit beaucoup de choses, mais qu'il ne prouuoit rien : C'est enfin le reproche que les Payens firent autresfois à IESVS-CHRIST........ Nous deuons croire les particuliers qui prouuent ce qu'ils disent : C'est pourquoy si toutes les Facultez de Theologie sont obligées à rendre raison de leurs censures, la soûmission qu'on leur rendra ne sera plus fondée sur l'authorité que l'Eglise leur donne, mais sur les preuues dont elles se seruiront : Ce n'est pas neantmoins l'intention de l'Eglise, qui veut que les Docteurs prononcent sur les points de doctrine en qualité de Maistres...... Si les Facultez de Theologie ont cette authorité, les Euesques en ont encore vne plus grande ; puisque Dieu les a donnez à son Eglise pour estre ses Docteurs, ses Maîtres & ses Pasteurs : Ceux qui apprennent les sciences humaines reçoiuent auec respect & *croyent ce que disent leurs Maistres* : Pourquoy ceux qui apprennent des veritez de nostre Religion, qui sont si diuines & si hautes, ne se soûmettent-ils pas à ce que decident les Euesques, & ne croyent-ils pas ce qu'ils leurs disent sans les obliger à s'expliquer ? Les parens ne sont point obligez de rendre raison de ce qu'ils font à leurs enfans, ny les Pasteurs à ceux que Dieu a mis sous leur conduite, sinon lors qu'ils le iugent eux-mesmes necessaire pour estre obeïs plus promptement : C'est pourquoy saint Paul veut que l'Euesque commande en enseignant, pour nous apprendre l'obligation que nous auons de croire ce qu'il nous dit, non seulement pour sa doctrine, mais encore pour son authorité : Ce qui est mesme vray de chaque Euesque particulier, lors qu'il ne paroist pas euidemment qu'il s'est trompé...... Ceux qui ont pouuoir d'examiner les Liures les approuuent ou les censurent par vne seule parole : Pourquoy les Facultez toutes entieres n'auront-elles pas le mesme droit ? Celle de Paris a condamné de cette sorte les Liures d'Antonius

de Dominis, de Caluin, de Luther, & plusieurs autres «
erreurs qui se sont éleuées: Les autres Facultez ont suiuy «
son exemple : Ce seroit estre temeraire de condamner «
vne conduite que tant de siecles ont approuuée. «

Ce sont les sentimens qu'Aurelius auoit en ce temps-là, mais ce ne sont plus ceux de ses disciples : Quelle contradiction dans leur conduite ! Ils disoient autresfois que tous les Catholiques qui viuoient dans les premiers siecles de l'Eglise fuïoient ceux qui auoient esté excommuniez & condamnez par leur Euesque comme heretiques, sans considerer si cét Euesque auoit vne infaillible authorité: *Aurelius pag. 33. & 34. pro Epistola Illustrissimorum & Reuerendissimorum Galliæ Antistitum.* Ils disent presentement que les Religieuses de Port-Royal, qui sont des filles, ne peuuent soûmettre leur iugement aux Constitutions d'Innocent X. & d'Alexandre VII. parce que ny les Docteurs, ny les Euesques, ny le Pape, ny les Conciles mesmes ne sont pas infaillibles dans les faits qu'ils decident : Ils disoient autresfois que les Euesques & que les Docteurs pouuoient condamner toutes les heresies auec vne seule parole; parce que les peuples qui sont obligez à se laisser conduire ne doiuent pas tant considerer les raisons dont leurs Prelats & leurs Maistres se seruent que leur authorité : *Aurelius pag. 236. vsq. ad pag. 241.* Ils disent presentement que les deux derniers Papes, que les Prelats de France, que les Docteurs de Paris & tous les autres n'ont pû condamner les cinq Propositions contenuës dans le Liure de Iansenius, sans en auoir expliqué le sens, & sans auoir cité tous les passages où elles se trouuent. Tous ces changemens nous font bien voir que les heretiques sont opiniâtres, parce qu'ils sont orgueilleux; & neantmoins tres-inconstans dans leur doctrine; parce que l'on ne peut demeurer ferme, comme dit l'Escriture, lors que l'on a abandonné la verité.

CHAPITRE XVIII.

QVATRIESME CONTRADICTION.

Monsieur Pasqual a reconnu qu'il ne s'agissoit pas d'vn Fait, mais d'vn Droit, selon l'intention publique, du Pape & des Euesques : Les Iansenistes disent le contraire presentement.

MONSIEVR Pasqual parlant de la premiere Signature des Religieuses de Port-Royal, dit dans vn manuscrit que nous auons entre les mains que cette maniere de signer pour se deffendre contre les definitions du Pape & des Euesques qui ont condamné la doctrine de Iansenius, est si peu franche & si peu sincere, qu'elle est indigne de la grandeur du courage des vrais deffenseurs de l'Eglise : Et apres il adjoûte ; Le fondement de cette Signature a esté la distinction que l'on a faite du Droit d'auec le Fait, lors que l'on a promis la creance pour l'vn, & le respect pour l'autre. Or la dispute est de sçauoir s'il y a en cela vn Fait & vn Droit ; c'est à dire, si le Fait qui y est ne fait autre chose que determiner & marquer vn Droit : Le Pape & les Euesques sont tous d'vn costé, & pretendent que c'est vn point de Foy & de Droit, de dire que les cinq Propositions sont heretiques au sens de Iansenius : Et Alexandre VII. declare dans sa Constitution que pour estre dans la vraye Foy, il faut dire que les cinq Propositions sont heretiques au sens de Iansenius ; en sorte que les mots, *au sens de Iansenius*, ne font qu'exprimer le sens heretique des Propositions ; & qu'ainsi c'est vn Fait qui emporte vn Droit, & qui est proprement vn Droit luy-mesme, & qui fait la partie essentielle de la Profession de Foy : Comme qui diroit le sens de Caluin sur l'Eucharistie est heretique, ou le sens de Nestorius sur l'Incarnation : Ce qui est assurément vn point de Foy. Les autres sont en petit nombre, des personnes inconnuës qui font à toute heure

heure de petits écrits volans, où ils disent que ce Fait est « de sa nature separé du Droit, & qu'il n'en fait pas vne partie. Ce sont ses termes: Et en suite il explique son sentiment « sur cette diuersité d'opinions. «

Les vns, dit-il, pretendent que la doctrine de Iansenius « emporte vn point de Foy, & les autres que ce n'est qu'vn « pur Fait : Il est indubitable qu'en disant simplement que « l'on reçoit la Foy sans dire que l'on ne reçoit pas la con- « damnation de la doctrine de Iansenius, on ne marque pas « par là qu'on ne la reçoit pas ; mais on marque plustost « qu'on la reçoit, puisque l'intention publique du Pape & « des Euesques est de faire rejetter le sens de Iansenius sous « ce nom, d'vne chose de Foy : Tout le monde le disant pu- « bliquement, & personne n'osant dire publiquement le « contraire : Et quelques-vns le disant seulement en secret, « qui n'est rien en matiere de Foy où la lumiere doit estre « mise en euidence deuant les hommes, au dire de IESVS- « CHRIST, & non pas sous le boisseau : Et ainsi il est hors « de doute que cette Profession de Foy est au moins ambi- « guë, & par consequent méchante, puisque toute ambiguité « est horrible en matiere de Foy. Ce sont les paroles de feu « Monsieur Pasqual, qui prouuent ce que i'ay dit de luy dans mon premier écrit : Car il reconnoist que selon l'intention publique du Pape & des Euesques, le Fait dont il s'agit n'est pas vn pur Fait, mais vn Fait qui determine & qui marque vn Droit, & qui est vn Droit luy-mesme : Il reconnoist encore que la restriction dont les Religieuses de Port-Royal s'estoient seruies dans leur premiere Signature, & dont les Iansenistes se seruent encore presentement, n'est pas sincere.

Ie ne sçay pas si le different que les Iansenistes eurent sur ce sujet auec Monsieur Pasqual rompit entierement l'vnion qu'il auoit auec eux : Mais ie sçais bien que M. le Curé de saint Estienne a declaré juridiquement dans vne deposition qu'il a faite entre les mains de Monseigneur l'Archeuesque de Paris, que M. Pasqual son Paroissien luy auoit declaré auant que de mourir qu'on l'auoit autresfois embarassé dans le party des Iansenistes ; mais que depuis deux ans il s'en estoit retiré, parce qu'il auoit remarqué qu'ils alloient trop auant dans les matieres de la Grace, & qu'ils paroissoient auoir moins de soûmission qu'ils ne deuoient pour N.S.P. le Pape: I'ay veu l'original de cette deposition, qui est entre les mains de Monseigneur l'Archeuesque de Paris; signée Beurier, & datée du septiéme de Ianuier 1665.

CONCLVSION.

IE finis auec les mesmes termes dont s'est seruy autresfois saint Prosper, pour conclure l'Epigramme contre „ le calomniateur: Laissez-luy, dit-il, ces noms qui vous dé„ guisent, & prenez ceux qui vous conuiennent: Pourquoy „ suiuez-vous des heretiques, que le foudre sorty du S.Siege „ & de la bouche Apostolique a abatus? Ne croyez point „ que vous puissiez vous couurir sous vn faux nom: Vostre „ conduite vous fait assez connoistre: Puis qu'au lieu d'ho„ norer & de suiure le Pasteur des Ames, vous vous iettez „ sur luy & l'offensez: Vous n'estes pas vn Agneau, mais vn Loup. Ce sont les paroles de saint Prosper: Ie pourrois dire le mesme aux Iansenistes: Ces grands Eloges que vous donnez à saint Augustin pour l'éleuer au dessus de tous les Peres de l'Eglise: Ces termes ambigus & couuerts que vous prenez dans l'Eschole des Thomistes pour vous cacher sous l'ombre de ces sçauans Theologiens: Ce zele que vous auez pour soûtenir en apparence les interests de la grace efficace: Et depuis peu cette distinction que vous faites du Droit d'auec le Fait, pour empescher que vostre heresie ne soit connuë: Ces Signatures artificieuses que vous offrez auec telle restriction que l'on voudra, pourueu que l'on ne vous oblige pas à condamner le Liure de Iansenius: Ce sont des détours que l'histoire Ecclesiastique a remarquez dans tous les heretiques qui vous ont precedez: Les Ariens se plaignoient comme vous, qu'on ne les persecutoit que pour vn terme qui ne se trouuoit point dans l'Escriture, & que l'heresie qu'on leur repro-

a Inde igitur præsentis controuersiæ fundamentum intelligo iactum esse, choit estoit vne heresie imaginaire : Les Eutychiens declaroient comme vous, qu'ils suiuoient la doctrine des Peres, de saint Athanase, de saint Gregoire, de saint Cyrille, & qu'ils estoient soûmis à tout ce que l'Eglise auoit determiné touchant la Foy : Les Monothelites demandoient comme vous faites dans vos derniers écrits, qu'on leur permist de se seruir de certains termes qui pouuoient receuoir vn sens tres-Catholique : Et neantmoins l'Eglise n'a iamais écoûté ces heretiques ; elle connoissoit leurs artifices ; elle voyoit leurs déguisemens ; elle sçauoit qu'il leur estoit facile de se couurir sous de belles apparences, & de corrompre la verité sous des termes qui pouuoient souffrir vn double sens: C'est pourquoy la conduite qu'elle a tenuë a toûjours esté pleine d'vne grande fermeté: Croyez-vous qu'elle change cette conduite ? Les Papes apres auoir examiné les cinq Propositions qui sont contenuës dans le Liure de Iansenius, ont declaré qu'elles estoient heretiques : Les Euesques de France les ont aussi examinées, & ont declaré que leur Autheur qui les attribuoit à saint Augustin, auoit mal expliqué la doctrine de ce Pere : L'Eglise qui vous a condamnez tant de fois & pour le Droit & pour le Fait, & pour la signature du Formulaire, ne veut plus que vous disputiez, mais elle veut que vous vous soûmettiez: Et neantmoins au lieu de vous soûmettre au iugement de vos Superieurs, vous les deshonnorez, vous les calomniez, vous affoiblissez autant que vous pouuez l'authorité que Dieu leur a donnée sur vous : Puisque vous en vsez de cette sorte, laissez les noms qui vous déguisent, & prenez ceux qui vous conuiennent ; ne vantez plus vôtre Moralle ; ne parlez plus de penitence ny de reforme ; ne vous glorifiez plus des aumosnes que vous auez faites autresfois ; ne vous appellez plus les Disciples de saint Thomas & de saint Augustin, ny les deffenseurs de la grace efficace : La conduite que vous auez tenuë & que vous tenez encore presentement fait bien connoistre qui vous estes ; puis qu'au lieu de reconnoistre vostre faute auec humilité, vous offensez les Pasteurs de l'Eglise, le Pape & les Euesques, & en particulier Monseigneur l'Archeuesque de Paris

quod tu Alexander à Presbyteris de loco quodam in sacris Literis scripto quærebas, imò verò de inani quadam quæstionis particula sciscitabaris, quid quisque illorum sentiret .... Tales enim quæstiones, quales nulla lex canon-ve ecclesiasticus necessariò præscribit, sed inanis dissoluti otij certatio proponit, licèt ad acumen ingenij exercendum instituantur, tamen interiore mentis cogitatione continere debemus ..... Atque hoc dico non vt cogam vos in hac leuicula & stulta quæstione qualiscunque tandem illa fuerit penitus eandem sententiam sequi. In Literis à Constantino scriptis ad Alexandrum & Arium.

vostre Prelat ; vous n'estes pas selon les termes de saint Prosper des Agneaux, mais des Loups qui ne demeurez dans le troupeau de IESVS-CHRIST que pour le perdre.

Verte gradum, fuge perniciem, stratosque rebelles
Oris Apostolici fulmine vbique vide
Nec te mutato defendi comine credas
Si Pastorem ouium lædere vis Lupus es:

C'est à dire, selon la traduction que vous auez faite vous-mesmes de ces vers.

Ne fuy point les vaincus, fuy l'orgueil heretique
Des ennemis des Cieux,
Que les traits foudroyans du Thrône Apostolique
Ont percez en tous lieux:
En vain sous vn faux nom couurant tes noires flammes
Tu marches parmy nous,
Quiconque veut blesser ce saint Pasteur des ames
Est du nombre des Loups.

Saint Prosper s'est seruy de ce terme; & ie m'en sers auec luy ; comme le Fils de Dieu s'en est seruy dans l'Euangile contre les heretiques, lors qu'il dit : *Attendite à falsis Prophetis, qui veniunt ad vos in vestimentis ouium, intrinsecùs autem sunt lupi rapaces, à fructibus eorum cognoscetis eos.* Matth. cap. 7. v. 15. & 16.

FIN.

TABLE DES CHAPITRES.

Approbation des Docteurs.

NOus ſous-ſignez Docteurs en Theologie de la Maiſon & Societé de Sorbonne, auons leu vn Liure intitulé, *Declaration de la conduite que Monſeigneur l'Archeueſque de Paris a tenuë contre le Monaſtere de Port-Royal, &c. par Monſieur* CHAMILLARD, *Docteur en Theologie de la Maiſon & Societé de Sorbonne :* Dans lequel nous n'auons rien trouué que de tres conforme à la Foy & aux bonnes mœurs. Fait en Sorbonne le 18. Février 1667.

G. FROMAGEAV.

A. CHEVILLIER.

Extrait du Priuilege du Roy.

PAR grace & Priuilege du Roy, donné à Paris le vingt-ſeptiéme iour de Decembre 1666. Signé DENIS, Il eſt permis à M. CHAMILLARD Preſtre, Docteur de la Maiſon & Societé de Sorbonne, de faire imprimer, vendre & diſtribuer par tel Libraire qu'il voudra choiſir vn Liure par luy composé, intitulé *Declaration de la conduite que Monſeigneur l'Archeueſque de Paris a tenuë contre le Monaſtere de Port-Royal,* & ce pour le temps & eſpace de cinq ans, à compter du iour que ledit Liure ſera acheué d'imprimer, auec deffences à tous Libraires & Imprimeurs de le contrefaire, à peine de trois mil liures d'amende, & de tous deſpens, dommages & intereſts, ainſi qu'il eſt porté plus amplement dans ledit Priuilege.

Et ledit ſieur CHAMILLARD a cedé & tranſporté le droit du preſent Priuilege à GEORGE IOSSE Marchand Libraire à Paris pour en iouïr pendant ledit temps, ſuiuant l'accord fait entre eux.

Regiſtré ſur le Liure de la Communauté des Marchands Libraires, Imprimeurs, ſuiuant l'Arreſt du 8. Avril 1653. à Paris le huitiéme Mars 1667. Signé S. PIGET Syndic.

Acheué d'imprimer pour la premiere fois le 10. Mars 1667.

www.ingramcontent.com/pod-product-compliance
Ingram Content Group UK Ltd.
Pitfield, Milton Keynes, MK11 3LW, UK
UKHW021108220726
13924UKWH00004B/1572